国家艺术基金传播交流推广资助项目

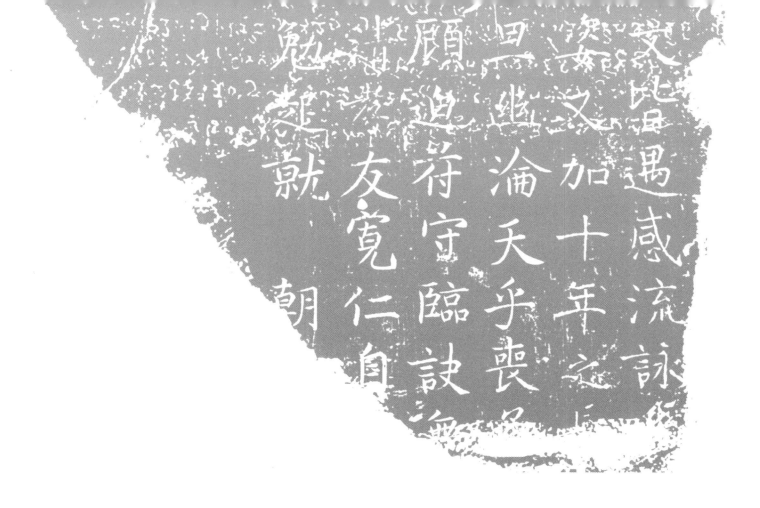

洛阳唐代墓志
拓片集萃

时明德 李虎 高慎涛◎编著

中国社会科学出版社

图书在版编目（CIP）数据

洛阳唐代墓志拓片集萃/时明德,李虎,高慎涛编著. —北京：中国社会科学出版社,
2023.4

ISBN 978 - 7 - 5227 - 1233 - 8

Ⅰ.①洛…　Ⅱ.①时…②李…③高…　Ⅲ.①墓志—拓片—洛阳—唐代
Ⅳ.①K877.45

中国国家版本馆 CIP 数据核字（2023）第 022137 号

出 版 人	赵剑英
责任编辑	郭晓鸿
特约编辑	杜若佳
责任校对	师敏革
责任印制	戴　宽

出　　版	中国社会科学出版社
社　　址	北京鼓楼西大街甲 158 号
邮　　编	100720
网　　址	http://www.csspw.cn
发 行 部	010 - 84083685
门 市 部	010 - 84029450
经　　销	新华书店及其他书店

印刷装订	北京君升印刷有限公司
版　　次	2023 年 4 月第 1 版
印　　次	2023 年 4 月第 1 次印刷

开　　本	880×1230　1/8
印　　张	37
插　　页	2
字　　数	301 千字
定　　价	188.00 元

前　言

　　"若问古今兴废事，请君只看洛阳城。"洛阳地处中原，位居天下之中，历史上先后有夏、商、西周、东周、东汉、曹魏、西晋、北魏、隋、唐等13个王朝在此建都立业，在今洛河沿岸、东西不足50公里的范围内，留下了二里头夏都遗址、尸乡沟商城遗址、周王城和成周城遗址、汉魏故城（东汉、曹魏、西晋、北魏）遗址和隋唐洛阳城（隋、唐、后梁、后唐、后晋）遗址等，人称"五都荟洛"。洛阳建都年代之早（4000年前），历经时间之长（公元前2000—公元960年），所经朝代之多（13个朝代），以及都城所在地域之集中，在世界文明史上极其罕见，是古今中外任何都城之难以企及的。

　　唐朝是中国历史上最为强盛的王朝。在古都洛阳的城市发展历程中，唐代洛阳无疑是最为辉煌的篇章。洛阳作为唐帝国的东都，连接东西方文明的丝绸之路和贯通中国南北的大运河在这里交汇，是当时世界上最大、最繁华的国际大都会之一。尤其是中国唯一的女皇武则天居洛执政时期，改洛阳为神都，广修宫苑，凿窟礼佛，对外来文化实行开放包容政策，当时的神都洛阳，经济繁荣，文化昌盛，八方朝贡，万国来使，是东方世界的中心。

　　唐代的东都洛阳，宫殿巍峨，城市壮丽，交通便利，物华天宝，人文荟萃，皇亲国戚、高官显宦、世家大族多会聚于此。他们生前尽享人间荣华，死后也多厚葬于洛阳。士农工商也在此生生不息。洛阳城北的邙山、城南的龙门山与万安山，植被丰茂、土层深厚、山川秀美，成为安葬洛阳士庶、作为他们人生归宿的风水宝地。我们所熟知的姚崇、张说、李邕、白居易、裴遵庆等知名唐代政治家与文人就安葬于此。"北邙山头少闲土，尽是洛阳人旧墓。"鳞次栉比的坟茔成为这一时期丧葬文化的缩影，阵阵松涛无声地述说着当年洛阳城市的辉煌。

20 世纪以来，洛阳出土了大量唐代墓志。据学者统计，目前刊布的洛阳唐代墓志数量已经达到 6000 方，远远超过陕西西安等其他地区出土的数量。洛阳出土的唐代墓志不仅数量众多，而且内容丰富，蕴含唐代政治、经济、军事、文化等领域的丰富信息，具有极高的文献与艺术价值，是解读唐代历史、文学、艺术、社会的珍贵文献，堪称唐史研究的宝库。

洛阳师范学院植根中原大地、河洛沃土，饱经源远流长的河洛文化浸润与滋养，以传承河洛文化、赓续河洛文脉为己任，在河洛文化主题校园、特色馆藏建设等方面处处彰显了河洛文化育人元素，打造了以河洛文化为底蕴的中华优秀传统文化育人体系，成为河南省文化育人的高地。学院长期以来致力于河洛古代碑刻墓志的征集、保护和研究工作，并建成洛阳古代石刻艺术馆予以收藏与展示，目前收藏洛阳唐代墓志石刻及拓本 3000 余种。这些拓本既有国有博物馆及民营博物馆中的馆藏精品，也有散落民间的石刻遗珍，展现了 20 世纪以来洛阳唐代墓志的出土概况。2018 年，洛阳师范学院成功申请国家艺术基金传播交流推广项目"洛阳唐代墓志拓片巡展"，甄选河洛地区 300 余件墓志拓片书法精品，先后在郑州、上海、杭州、北京、武汉、西安、兰州等七地集中亮相，较为全面地展现了河洛地区唐代墓志书法的发展脉络和艺术风貌。

一方方纹饰精美、书法精湛的墓志，浓缩着一个个唐人的生命历程，字里行间寄托着他们的亲情、友情和爱情，记载了他们的理想与抱负，在国家兴亡中的责任与担当，成为那个伟大时代芸芸众生的缩影。为更好地弘扬和传承优秀传统文化，给广大书法艺术爱好者提供品味研习蓝本，我们将巡展墓志拓片结集成册，印行了《洛阳唐代墓志拓片集萃》。该书精选洛阳唐代墓志 120 方、高清拓片 150 件，按照志主葬年排序，每方墓志均配以包含葬年、书体、规格、撰文、书丹、镌刻等信息的文字说明，每方拓片介绍了志主生卒、历官资料，还介绍了拓片书法艺术特征。

这些拓片全面展示了唐代洛阳书法艺术的社会整体水平和生存状态，不同时期、不同风格的书法作品尽收眼底，许多墓志填补了唐代书法资料的某些空白。流连于其间，真、草、隶、篆，异彩纷呈，气象万千，不乏颜真卿、张旭、徐浩、王缙、梁升卿、萧诚、湛然、刘秦、宋儋、徐琪、权璩等唐代书法名家不为人知的书法精品，而一些没有留下姓名的民间书手的作品也让人感叹唐代整体书法水平的高超。还有狄仁杰、岑羲、许景先、宋璟、韩休、徐峤、刘宪、贺知章、苏颀、张九龄、李邕、崔尚、席豫、韦述、萧诚、李华、李吉甫、裴度、韩愈、李纾、穆员、郑余庆、李德裕、令狐绹等唐代知名政治家与文人的锦绣文章。从他们的生花妙笔中，我们不难感受到唐人丰富多彩的物质生活和精神世界。

名家书法以中和、典雅、严谨见长，充分展示了唐代书法崇尚法度的精神和特点。如梁升卿书丹《张说墓志》属于典型的唐代隶书风格，以点画工稳、风格华丽、装饰性强为主要特点，用笔规范精准，结构上密下疏，平稳匀称，给人以超然拔俗之感。志盖篆书严谨端正，有庙堂之气，似有秦诏版之笔意。《陈尚仙墓志》由徐浩书丹，徐浩长期在集贤院等制造官方书册，书写以楷正为律，不施性情，《宣和书谱》以为"窘于绳律"是很有道理的。但从此志书法看，徐浩早年书法已入山阴堂奥，笔法精妙，气息雅正，正如宋朱长文《续书断》中所称颂的："少而清劲，随肩褚薛；晚益老重，潜精羲献。其正书可谓妙之又妙也。"志盖篆书属倒薤篆一路，竖画舒展婉转，配以周边的纹饰，实有飘然欲仙的感觉。《桓臣范墓志》书丹者为著名诗人王维的弟弟王缙。他在代宗时期官居宰相，书法也颇为知名，论者把他和著名书法家李邕并列，也有人称他"善草隶书，功超薛稷"。该志书法楷书中带有行书笔意，既点画工稳，用笔精到，又端雅雄健，自然流美，不失规矩而能得腴润流动之趣，可谓"不激不厉，而风规自远"，深得王羲之书法遒媚之真谛，与初唐诸名家之作相较亦不逊色。《王琳墓志》为颜真卿三十三岁时书丹，是已知颜氏书法作品中年代最早的一件，是他于张旭亲授笔法之前的作品，其"颜体"风格已初露端倪。志盖篆书用笔恪守法度，点画处理多有巧思，结体也生动自然，以直线为主，配合少量的曲线，与周边纹饰的曲线融为一体，增加了整体的深远神秘气氛。

墓志制作是唐人丧葬礼仪中的普遍行为，大多数墓志的书丹者并非书法名家，这些民间书手的书法作品以率意、质朴、奇异取胜，具有天然质朴之美。如《孟蒲墓志》结体与风格明显有唐太宗之遗韵，行书中含有楷书之笔法，章法上密而不乱，一气贯通，在唐志行书中非常醒目，为难得之妙品。《郑烈墓志》用笔方圆结合，个性突出，尤其是圆转处丰润动人，似有胎息智永之处。《李行止墓志》清秀舒展，变化多端，富有特点，结体大小长短一任自然，是初唐书风在中、盛唐的延续。《支谟墓志》书法平正茂密，字里行间时见欧、颜、柳之痕迹，尚有几分大唐的自信和气度，是已知洛阳出土墓志字数最多、字体特小的一件。

贞石不朽，风华永存。这些珍贵的墓志拓片凝聚了唐人的感情和思想，承载了中华民族的家国记忆和文明历程。穿越岁月的尘埃，一件件精美的墓志拓片汇聚在一起，从多个角度和层次彰显了书法艺术的和谐与丰富之美，反映了洛阳唐代书法艺术的水平和整体发展情况，有助于今天对唐代书法风格的演变进行深入研究和重新认识。对于传承文化精髓、弘扬书法艺术，实现创造性转化、创新性发展，传承中华优秀传统文化基因，展现新时代中国特色社会主义文化精髓具有指导意义及实践价值。

目　　录

○○一　张濬墓志

隶书

贞观六年（632）十一月五日葬

59×59cm

张濬，字文远，南阳人。隋大业末任河阴县主簿。贞观六年（632）六月卒，春秋七十一，同年十一月葬于洛阳里。此墓志书法楷隶杂糅，体现出唐初部分墓志在书法上的复古倾向，其典型特征是在楷书中保留隶书的部分笔法，楷隶融合不够协调，整体上是亦楷亦隶。

张濬墓志（局部放大图）

○○二　宫惠墓志

楷书

贞观十年（636）十一月十六日葬

45×45cm

宫惠，字伏爱，太原人。隋大业初告归乡里。大业十年（614）九月终于新安私第，春秋六十七，贞观十年（636）十一月葬于洛阳邙山。此墓志刊刻于初唐时期，其书法属相对成熟的楷书，但仍有隶楷过渡时期的痕迹，偶见隶书写法的笔画掺杂其中，整体书写娴熟，技艺高超，据此可见唐初楷书的体式和笔法已渐趋完善。

相承簪纓，繼軌煥乎圖

社上開基，位列光於周

司史州刺史，才稱棟幹

長萊器標瑚璉，以芳流後

雅魏器凝，深加璉稱

馳器齊咸陽，乃名君為

選無非闕俊傑，歸鄉里不

于隨初告逝川，十季

齎之五福，豈謂業逝十川季

公室以大，謂穎川陳氏歸

十有七室，夫人同穴共歸

行光備偕老，同穴

日谷葬於邱山之陽，有

屺之硬絕，履霜雪而增

宫惠墓志（局部放大图）

○○三　袁异度墓志

楷书

贞观二十年（646）十月二十六日葬

70×70cm

袁异度，汝南汝阳人。大业中明经及第，历任通事舍人、金部郎中、长安县令、隰州刺史等职。贞观十八年（644）九月终于长安私第，春秋五十五，贞观二十年（646）十月葬于洛阳邙山。此墓志书法水平较高，是初唐南北书风融合的杰作和范例。其书法用笔变化丰富，点画精到，在笔势往来中不乏从容自然之态，结体开合有度，落落大方。尤其是行书笔意的加入使其又增加了几分灵动之致。

袁异度墓志（局部放大图）

○○四　徐伽仁墓志

楷书

永徽三年（652）五月十六日葬

60×60cm

徐伽仁，洛阳人。大业九年（613）十一月卒，春秋五十一，永徽三年（652）五月合葬于洛阳邙山。此志书法亦属楷隶杂糅的风格。具体言之，此志书法主要出自北朝一脉，用笔沉着扎实，结体宽博，以隶为楷，楷隶合而为一，可见隶书在唐初的影响还是比较普遍而深远的。

徐伽仁墓志（局部放大图）

諱伽仁洛州河南人也地望髙
著乎史冊祖欽明齊荊州江淩
尉並共撫百里比賛一同施化未
貪棲道性重泉林屈已和光未
保月四日魂芳盫期影響無徵奄迯
一顯瑞赤雲呈祥帝之蘭根五十
人焉備諸簡章可略言矣夫人
美内脩令譽外顯蒙夫人子懷
屬恩榮又賜粟帛以夫人子死
名旌表門閭光榮特甚況生死
年大運之數以孔徽三年四月
春秋八十有四遂使隣春不相靜
人羈市即以其年五月十六日
天泣血即以其年五月十六日
陵谷賀遷紀此遺文玄石一鑴
源脩廣懿緒綿長徽歊盛德玉

○○五　田兰墓志

行楷

龙朔元年（661）七月十三日葬

60.7×60.5cm

田兰，字汉师，洛阳人。龙朔元年（661）六月卒，春秋六十三，同年七月葬于洛阳邙山。此墓志书法属于行楷书体，其书写特点突出，用笔果断流畅，注重点画之间的衔接和映带，行书意味很浓，虽有些笔画稍显生硬，但整体上风格统一，个性鲜明，不失为一篇佳作。

洛阳人也昔二周锡土列国
右是以冠盖相望爵赏戎
於寶錄祖圖北齋孝義縣承
夷遠涤袤秀舉振棗松而濫
遠協驚齋坐標馴雄君早祥
三兒揚君穎孔融之尜李尹
是近交諸庚氣槑可尋射聲
屬標摇令迹逾偶刀筆
柁尉既而名望重五
水振星芒之氣加武骑尉績
鵬鷃之聞玩賞清霄之內興
堅而難追俄朝光之易謝春
元年歲次辛酉六月乙丑胡殯
私弟以其年七月十三日
鎖金谷窂陸瑤蕊道德菩柁
鸛士石勒此貞碑其詞曰

田兰墓志（局部放大图）

○○六　孟蒲墓志

行草

咸亨元年（670）十月四日葬

72×71cm

孟蒲，字方，清河宗城（今河北省威县）人。隋解褐授仪同三司，唐初迁北谊州司兵参军事，总章三年（670）二月二十日卒，春秋八十二，咸亨元年（670）十月四日葬于沁水。此志在唐志行书中非常醒目，其结体与风格明显有唐太宗之遗韵，行书中含有楷书之笔法，章法上密而不乱，一气贯通，为难得之妙品。

孟蒲墓志（局部放大图）

○○七　封泰墓志

隶书

咸亨三年（672）八月十四日葬

70×70cm

　　封泰，字安寿，渤海蓨县（今河北景县）人。曾任秦府参军，咸亨二年（671）九月卒，春秋七十六，咸亨三年（672）八月葬于洛阳邙山。此志内容丰富，字数较多，字距和行距都较紧密，所以在视觉上给人以充实茂密之感。此志书法气息平和，节奏舒缓，延续了初唐楷隶杂糅一路的风格，但已有向盛唐楷书过渡的趋势。

封泰墓志（局部放大图）

○○八　高真行墓志

周思茂撰，卢献书

楷书

垂拱元年（685）十月三十日葬

102.5×103.5cm

高真行，渤海蓨县（今河北景县）人。唐初名臣高士廉之子。初拜通事舍人，授左卫率府郎将，历任沁州刺史、延州刺史，左迁文州刺史；后历代州等州刺史，右卫将军，被贬为睦州刺史。文明元年（684）九月卒于虔州旅舍，春秋五十七，垂拱元年（685）十月葬于洛阳伊川。此志撰者周思茂，高宗、武后时知名文士，曾辅佐武后参议朝政。书丹者卢献，武周时为尚书左丞。镌刻人万宝哲，著名刻工，曾镌刻乾陵多方唐碑。此志书法有欧阳询书法的影响，点画精到，法度严谨；有学习王羲之书法的痕迹，于平正外多了一些柔和婉转的韵味。

元季邊都留代忻朔蔚四州諸軍

瞻玄塞龍沙之風塵萬里加正

任延憁其靜苴元年加正議威

授右驍衛將軍俄拜右衛將軍公心咸

紫宸必光移白日同賈將軍之重

星將之司儲后鳳璋渤誕之明

紫庭凝漏翠醒浮后星稀月誕明之

獨冠子真時公長宵岐先任東宮之降

之罪當馨已翻嬰方劉懷功之德於百

潮州司馬標銅末勒公器惣中和

埋玉恨之路綏惟展已公悲季乘松櫃

德捧日山分二室水帶三川松櫃曾

原禮也山分室水帶三川痛結曾

慕嗣子前湖州司倉鴗等痛結曾

高真行墓志（局部放大图）

○○九　董希令墓志

行书

万岁通天二年（697）十月二十二日葬

70×70cm

　　董希令，字淑，陇西狄道（今甘肃省临洮县）人。万岁登封元年（696）六月卒于洛阳县教业里私第，春秋七十六，万岁通天二年（697）十月合葬于北邙山。此墓志刊刻于武则天时期，从书法风格看，是一件优秀的行书书法作品。其书写颇得王羲之书法神韵，用笔不疾不徐，流畅自然，点画富于变化，刚柔相济，结体平正宽和，俯仰生姿，整件作品令人赏心悦目。

聞於而有割加朝散大夫仍
席便離境下車幹物攬轡澄清
西能適過惡揚善遷而不過開
隆州西水縣宰梁亭解怨窺水
春邑里更聞而牘淙若
永佐澮於犀浦官孚滿歲德又
辛霄宵覿閻中辭不永其李閣
奄離明世春秋七十有六以萬
陛鄉相名偶晉西羆市輟耕見
佰度福顧叶松檫木蠡美流於
次丁酉十田甲子玥廿二四乙
遵北郭去古鄉野懷懷妹薄氣
逝其安說鳴呼眾敬有子浪洛
規之流謝懼方壺之遷越敢憑
誕夫子更擅其清鳳毛題俊鴻

董希令墓志（局部放大图）

○一○　袁公瑜墓志

狄仁杰撰并书

楷书

久视元年（700）十月二十八日葬

73×74cm

袁公瑜，字公瑜，陈郡扶乐县（今河南太康县西北）人。历任大理丞、兵部郎中、中书舍人、安西副都护等职。高宗永隆（680—681）中流放振州，后又流放白州。垂拱元年（685）七月二十五日病终，享年七十三。武周追赠为相州刺史，故墓志称其"生荣死哀，殁而不朽"。撰书者狄仁杰，武周时期名相，书法造诣极高，此方墓志以虞世南书风为主，显得圆腴俊朗，又有褚遂良书风的舒展劲峭，同时运笔稳健，点画丰腴，骨力深藏，刚柔相济，别具一格。

沙麓之祥預辯春陵之氣奉若而
以君為中書舍人又遷□臺舍人
呂連類遷司刑少常伯君素多鯁
良田尋出為代州長史又除西
咸轉庭州刺史無何遷安西副都
析蕊右無塵雖鄭吉班超不之加
永隆歲遂流君于振州久之遇赦
迹狼荒投身魑魅炎沙毒影窮海
七匹五□寢疾終于白州鳴呼
見青蠅王業之喪猶隨白帛如意
漏窮泉可謂生榮死哀歿而不朽
之女王林皆寶銀艾相暉坐積膏
重於紗帷婦德光於綾障老萊之
六平廿匹五□終于京第鳴呼哀
北部山坕卜書生瑩依然士楊公
子殿中省丞奉宸大夫内供奉忠

袁公瑜墓志（局部放大图）

○一一　裴敬道墓志并盖

宋璟撰

楷书

长安三年（703）十月十五日葬

志盖篆书"唐故朝散大夫行曹州济阴县令裴君志"

59×59cm

裴敬道，河东闻喜（山西闻喜县）人。对策高第，授承务郎，绵州参军、魏王府参军等，转豫州新息县令等，终济阴县令。垂拱四年（688）八月终于济阴县，终年七十七，长安三年（703）十月葬于洛阳万安山。此志书法明显受初唐欧阳询、虞世南两家影响，用笔方圆并用，奇正相生，沉着而不生硬，平正而不板滞，有较高的艺术水准，是一件值得称道的楷书佳作。志盖篆书，书法特点突出，主要融合了玉箸篆和缪篆两种风格，用笔方圆结合，粗细均匀，结字疏密得当，章法浑然一体，在装饰感和自然感之间能达到很好的平衡。

裴敬道墓志盖

○一二　阳玄基墓志并盖

楷书

长安三年（703）十月二十六日葬

志盖篆书"大周故左羽林将军上柱国定阳郡开国公右北平阳君墓志"

106×108cm

阳玄基，字昭业，右北平无终（河北玉田）人。志主屡有战功，频蒙优进。以大周长安三年（703）二月十一日，薨于西京开化里第，春秋七十有五。同年十月合葬于洛州合宫县之伊汭乡万安山南。志盖书体篆隶结合，曲直互用，独具特色，且是罕见的阳刻，书写亦庄亦谐，生动有趣。

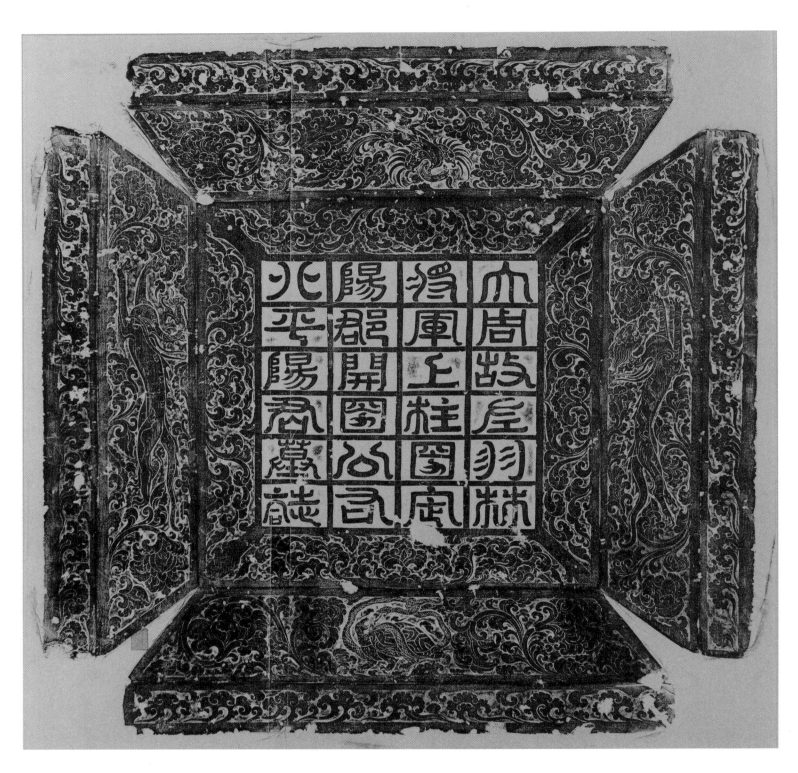

阳玄基墓志盖

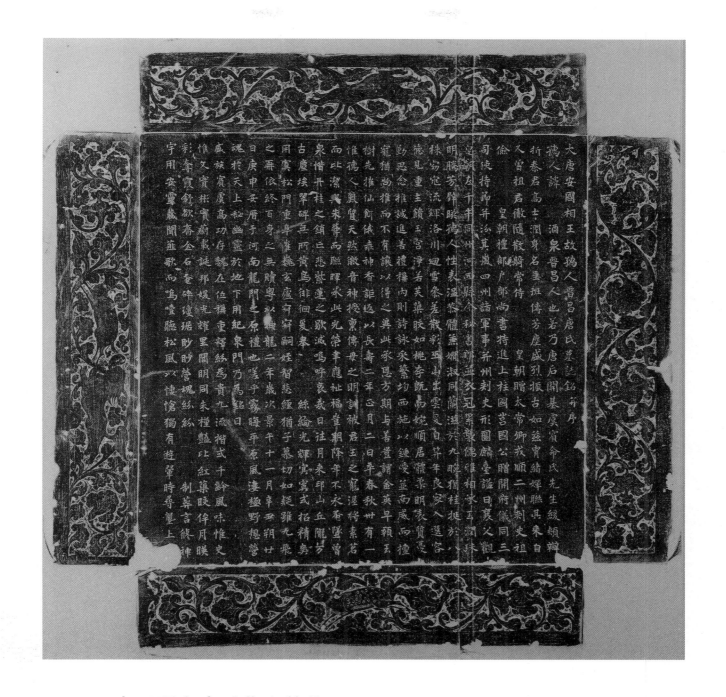

○一三　李旦孺人唐氏墓志并盖

楷书

神龙二年（706）十一月二十日葬

志盖篆书"大唐安国相王故孺人晋昌唐氏墓志铭"

100×100cm

志主唐氏为安国相王孺人，安国相王即唐睿宗李旦。唐氏武周长寿二年（693）正月二日卒，春秋仅三十一，于神龙二年（706）十一月葬于洛阳龙门之原。2005 年洛阳考古队在洛龙区定鼎门街与翠云路交叉口西南发现唐氏墓，墓道、过洞、天井上残存人物、动物形象壁画，展现出较高的艺术水平。出土墓志笔法高妙，用笔方圆兼用，点画秀美，结构严谨中见变化，字形灵活自然，整体非常协调，可谓是楷书从初唐向盛唐转变的典范之作。此志盖制作精良，纹饰华美，其书法整体属于玉箸篆风格，但融合了汉篆的特点，圆转流畅与方正平直结合在一起，风格强烈，特点鲜明。

李旦孺人唐氏墓志盖

○一四　李浑金墓志

卢若虚撰

隶书

景云元年（710）十二月三十日葬

103×103cm

李浑金，字全真，陇西姑臧（今甘肃武威）人。少孤，养于舅氏。二十一岁
游历蜀中，作《春江眺望诗》，受诗人李崇嗣、陈子昂赏识。武则天诏直弘文馆，
后官至阳曲县令。景云元年（710）九月十四日卒，以同年十二月合葬于洛阳。撰
文者卢若虚，玄宗朝著名文士，参与编写《唐六典》，著有《南宫故事》三十卷。
此墓志书法在唐代隶书中独具一格，其书法风格属不衫不履一路，用笔富有变化，
方圆并举，奇正相生，逸气充盈，可谓深得生动自然之趣。

李浑金墓志（局部放大图）

○一五　刘宪墓志并盖

岑羲撰

楷书

景云二年（711）十月八日葬

志盖篆书"大唐故刘府君墓志铭"

118×117cm

刘宪，字元度，宋州宁陵（今河南省商丘市睢阳区）人。刘宪十五岁举进士，历任左台监察御史、殿中侍御史、侍御史、尚书工部员外郎等职。后为太子詹事，兼崇文馆学士。景云二年（711）正月十一日卒，年五十七。刘宪有文集三十卷。墓志内容可补《唐书·刘宪传》记载的许多疏漏，史料价值颇高。撰文者岑羲，中宗、睿宗时期宰相和著名文士。此志书法用笔张弛有度，应规入矩，既有对褚遂良婉丽典雅书风的继承，又有追崇王羲之俊朗通达的志尚，是一方难得的墓志书法精品。

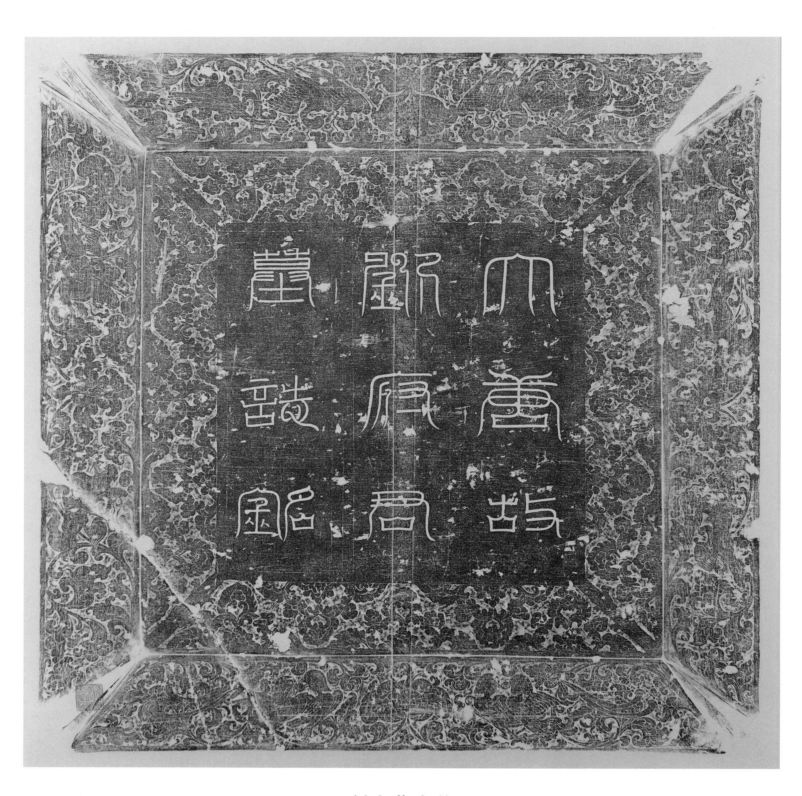

刘宪墓志盖

〇一六　杜嗣俭妻阎氏墓志

行书

先天元年（712）九月十八日葬

48×47cm

杜嗣俭妻阎氏，梓州县令阎处逸第三女。先天元年（712）八月终于巩县客舍，九月十八日与其夫合葬于首阳原当阳侯杜预坟茔西南方。志文由杜嗣俭之子杜友晋撰文，杜友晋乃敦煌文书《吉凶书仪》《书仪镜》两书的作者。此墓志书法楷书中带有行书笔意，深得褚遂良书法之神韵，用笔中侧并用，富有弹性，体势挺拔，舒展大方，给人以劲健洒脱之感。

杜嗣俭妻阎氏墓志（局部放大图）

○一七　司马翥墓志并盖

隶书

开元三年（715）十月二十二日葬

志盖篆书"唐故司马府君墓志铭"

112×115cm

司马翥，字希乔，河内温县人。以孝廉擢第，解褐授道王东阁祭酒，后历任贝州、清河等四县令，垂拱三年（687）正月十五日卒于延陵县令任上，享年五十六岁。此志书法属平正秀美风格，笔画圆转自然，结体宽和平正，用笔提按幅度变化不大，没有隶书惯有的波磔夸张写法，平和之中自有温婉雅正之气。

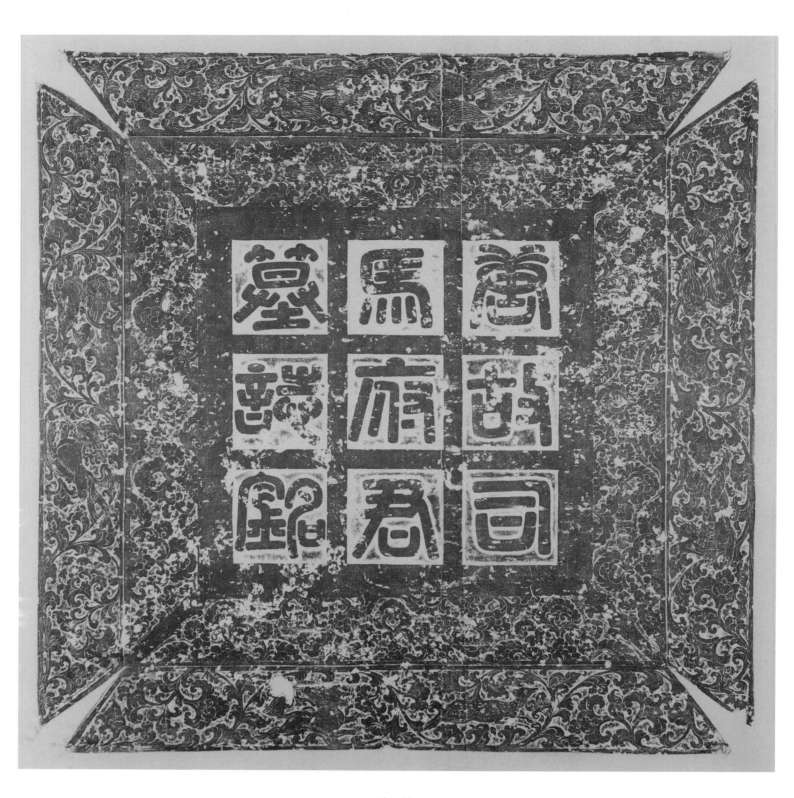

司马嵩墓志盖

○一八　司马邵墓志

隶书

开元三年（715）十月葬

116×116cm

司马邵，字希奭，河内温县人。释褐梓州永泰县（今四川盐亭县永泰乡）主簿，历任芮城县丞、万年县尉等职，调露元年（679）终于万年县长兴里私第，终年五十五。邵子司马锽长安（701—705）中历凤阁舍人，神龙（705—707）初授中书侍郎。此志与司马裔墓志俱于开元三年十月葬于河南府河阳县，且志文在书体上与司马裔志极其仿佛，疑出自同一人之手。

司马邵墓志（局部放大图）

○一九　姚彝墓志并盖

贺知章撰

楷书

开元四年（716）十一月十八日葬

志盖篆书"大唐故光禄少卿姚君墓志铭"

80×80cm

姚彝，字德常，吴兴（今浙江省湖州市吴兴区）人，姚崇长子，开元四年（716）七月十四日卒。墓志完整记载了其生平仕宦经历以及政绩情况，可以和传世姚彝神道碑相比勘，弥补了姚彝神道碑残缺的大量内容。贺知章是开元时期著名文学家。欧阳询和褚遂良两人是初唐书风的主要奠定者，此志书法即源自二人，不过此志书写者学而能化，不拘泥于前人，在用笔上多有自家笔意。

姚彝墓志盖

○二○ 司马崇敬墓志

隶书

开元五年（717）七月二十三日葬

53×54cm

司马崇敬，字子奠，河内温县人。志主思"投笔之勋"，咏"从军之乐"，解褐右玉钤卫，历仕至右卫率府右郎将、检校安北副都护、太中大夫、使持节都督胜州诸军事、守胜州刺史，转通议大夫、使持节都督夏州诸军事、守夏州刺史，迁左监门中郎将、检校安北都护。开元五年（717）七月薨于河南府永丰里私第，春秋六十，同年迁窆于河南龙门。此墓志属唐代隶书风格作品，其书法不出盛唐隶书轨辙，笔法严谨，布局得当，可能是过于谨慎的缘故，在结体上略显拘束而不够通透。

司马崇敬墓志（局部放大图）

○二一　邓成墓志

衡守直撰，赵昂书

行书

开元六年（718）正月二十六日葬

62.5×61cm

邓成，字玄成，南阳新野人。以进经擢第，补豫州司法、转潞州录事参军、拜朝散大夫、郑州原武令，春秋八十六。开元六年（718）正月与夫人同葬于河阳西原。此墓志书法属行楷结合的书写风格，明显受到王羲之、褚遂良等书家的影响，下笔从容，不疾不徐，有兰亭之意韵，但有些笔画略显扭曲夸张，可谓白璧微瑕。

邓成墓志（局部放大图）

○二二　萧元礼墓志

许景先撰并书

行楷

开元六年（718）十月二十二日葬

67×66.5cm

萧元礼，字令恭，出身兰陵萧氏齐梁房，为梁武帝萧衍后裔。万岁通天元年（696），由于契丹入寇，萧元礼在定州鼓城县丞任上殉职，赠相州刺史。撰文并书丹者许景先，开元时期重要名臣、著名文士、诗人，本书亦收有许景先墓志。张说曾夸赞许氏文章"虽乏峻峰激流，然词旨丰美，得中和之气"。此志书法用笔自有法度，不疾不徐，有自然疏放之致，用笔偶有粗率之处。

萧元礼墓志（局部放大图）

○二三　姚崇妻郑嬬墓志

楷书

开元六年（718）十月二十五日葬

72×71cm

郑嬬，字明恩，出身荥阳郑氏。盛唐名相姚崇继室，有子二人：太子中舍人异，尚书祠部员外郎弈。郑氏开元六年（718）四月终于河南询善里，同年十月葬于洛阳万安山。此志书法点画自然，遒劲有力，受褚遂良影响较大，但厚重处富有盛唐气度。

史加以内捿無我之妙喜愠不形外
累初開府公改封丞迁尉君昭族本也夫
太中大夫改封陽郡君昭加族本也
書加銀青光禄大夫夫人盛章於伐君封
被於南國蕭禄封作榮陽郡君昭加族本
夫人列封鄭墟公翊漢軍艾徽章躬服庶
公四海具瞻三十餘載而夫人躬服賤服
恒祈損退從容之暇常夫貴不賤服
所親日今真可相賀矣夫嘉貴言應闕
眉壽將諡甲沈渾里潔高謝於人于
告終於河南詢善道之園館春秋五
其季十月辛酉廿五日乙酉太子中
阡松鶴先悲瓦難難曙有子太故實敢
容思勒遺範託題貞石敬徵故實敢
盛識顧粲興聯徽疊慶豈徒俊傑爰
惟恭台鉉夫貴山河禮容玉珂表飾

姚崇妻郑嬗墓志（局部放大图）

○二四　樊侃侃墓志

崔尚撰，樊恒书

楷书

开元九年（721）二月七日葬

85×84cm

樊侃侃，字侃，南阳人。五岁举神童高第，十八岁补馆陶尉。历官通事舍人、易州刺史兼五回军使、营州刺史兼渔阳军使、益州大都督府司马兼蜀川防御使，官至梁州刺史。樊侃侃博学多才，尤精词律，有集二十卷，行之于代，开元七年（719）十一月二十七日卒于长安崇贤里，享年六十二。撰文者崔尚，盛唐时文士，曾受张说、杜审言、刘宪等赏识，本书收录有崔尚墓志。书丹者樊恒为志主第六子，书此志时十六岁。书者虽一少年，但书法功底扎实，学褚已形神兼备，令人叫绝，堪为今人楷模。

樊侃侃墓志（局部放大图）

推能由直道而見黜左授卭州司
司馬無何授泰州長史尋除幽州
下以興利除宕齊都蜀郡除令稱
玫尋除易州刺史焦五迴軍使時
節都招營順莘十二州諸軍事營
接之有功除益州大鄰督府司馬
惠焉招下車擁兵而往撫之
都督公綫興洋莘州諸軍事梁州
精詞律梁鳳集二十卷行於代東
德化居方面之位智諫之条爪牙之
呼衆承我夫人之韋城縣君京地韋氏
女家家朱綾歸榮人藉絳紗之
中別今日同年二十八以聖慶
冢哉粤以開元九年歲次辛酉二

○二五　张有德墓志

贺知章撰

楷书

开元九年（721）十一月六日葬

80×81cm

张有德，本南阳人，后居许昌襄城。隋末乱民李渊起兵晋阳，张有德率众投奔。武德二年（619）李世民讨刘武周，张有德参与平定之乱有功，授上柱国，国开府仪同三司。又因策反王世充部众有功，封始安县开国公，加银青光禄大夫、左鹰中郎将，除左武卫中郎将；历任桂州、夏州、沧州刺史。贞观十八年（644）九月薨于襄城县私第，开元九年（721）十一月同迁窆于襄城县。此墓志属于初唐时期作品，其书法与虞世南《夫子庙堂碑》的气息颇为接近，当属虞书一脉，但从结体来看，则似乎有些拘谨，缺乏虞书应有的自然舒展之态，仍不失为一幅难得的书法佳作。

张有德墓志（局部放大图）

○二六　郑烈墓志

崔汪撰

楷书

开元十年（722）七月二十一日葬

71×71cm

郑烈，字惟忠，荥阳开封（今河南省开封）人。历黄门侍郎、太子宾客。曾与著名史学家刘知幾探讨"史才三长"。开元十年（722）五月十一日卒，春秋五十七，同年七月葬于洛阳龙门。此方墓志个性突出，用笔方圆结合，尤其是圆转处丰润动人，似有胎息智永之处。

黄泉式表滕公之室卿題瑷琛乃佐
袠鳳禾嘉姐論之雜美於冰清顧實懇
若哉嗣子山甫芋趄雲飄然在賦棟梁展材
含章依仁踐義冰壺植性禮樂資身
年七月廿一日薨於河南府河南縣
司監護喪事痛乎山頽木壞墅従舟
於都歸德里之私弟春秋七十有七
華省侍臣稜稜霜操復入春闈年賾方侵曉
莫忽稜影謂固松齡黯黯
閣損益邦務時譽多為慙下
户部尚書右禮部尚書使黄樞即
郎大理卿禮部御史大夫特節以本官
從微至著自迩陟遐加金章兼優得之安
閣舍人若乃司馬九遷位望方題巧官之
又遷左清道録事長安縣尉合宮縣
北部末遇時来梅福南昌且安甲位

郑烈墓志（局部放大图）

○二七　赵洁墓志

行草

开元十二年（724）二月一日葬

54×54cm

赵洁，字思贞，甘肃天水人。垂拱中武举及第，制授左羽林长上、左领军卫司戈，迁左卫司阶，任左领军卫、河南府金谷府右果毅都尉，寻转右卫京兆府平乡府折冲都尉，擢为右金衙河南府宝图折冲，持节锦州诸军事锦州刺史。赵洁墓志对唐初少数民族及匈奴叛乱之事多有记载，志文中言及"柳城""榆塞"皆唐时常与少数民族交战之地。此志书法为行草，然开首志题为行楷，稍显拘束，而后渐次放松，行文至半，则挥洒自如，妩媚摇曳。此志虽不载书者姓名，然观书体取法褚笔，结体生动，骨力挺拔，于行草之间杂以楷书，尤显变化生动，有潇洒畅达之趣。

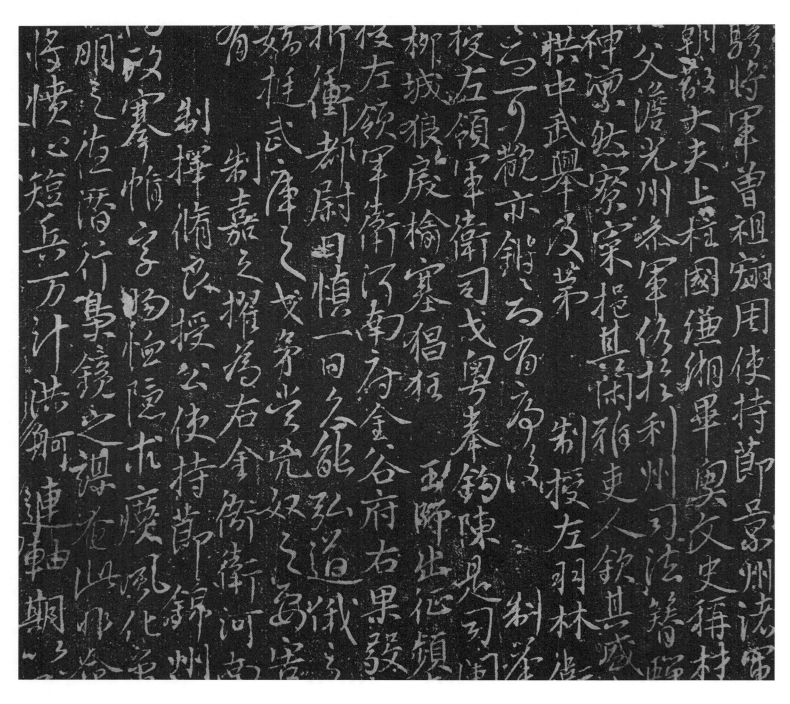

赵洁墓志（局部放大图）

○二八　支万彻墓志

孙光庭撰，杨先庭书

楷书

开元十二年（724）十一月二十六日葬

84×84cm

支万彻，字升，其先南阳，后为洛阳人。开元七年（719）七月卒于安喜坊私第，春秋七十二。开元十二年（724）合葬于洛阳东北十三里成村。墓志撰文及书丹者不见于史载，然孙光庭所撰志文，行文流畅，文采飞扬；杨先庭书法，布局疏朗，遒劲秀健，极具笔力。

公鳳雛龍翰玉潤金聲廣度恢恢雄
兢魂劇縣宰繫蓮梅仙而矩步宿衛
監無知中尚內供奉使恭勤夙著幹
尤資檢統豈從試守之選以齊奘勞
監事又轉都苑惣監董司埒牧控引
汭浩蕩荆門藏廚臺連神女之雲峽
佇其廉歌寮寀思其半封推賢撫德
歲月縣湯州涼不見三千見日俄開
開元七年七月廿六日感疾薨於安
民德昭彰管郡穆蘭閨方申噬指之
四日終於安喜坊私第春秋七十有
子十一月廿六日合葬於洛陽東北
前臨維氏仙人白鶴之峯却背縈河
痛切龜媒悲經馬鬣恐年代寖遠陵

支万彻墓志（局部放大图）

○二九　柴晦墓志

隶书

开元十四年（726）十一月十六日葬

59×59cm

柴晦，字舞晦，平阳临汾人。曾任汝州龙兴县丞。开元十三年（725）八月终于济源别业，春秋七十四，次年十一月葬于偃师龙池乡北原。此墓志镌刻于盛唐时期，书写上属于当时流行的隶书体。隶书在盛唐风靡一时，形成了特点鲜明的唐隶，此幅作品充分体现了唐隶装饰性、美术性突出的特点，注重形式上的整齐和秩序，在视觉上有一定的冲击感，但书法内涵和汉隶不可同日而语。

柴晦墓志（局部放大图）

○三○　李延明墓志

郑齐婴撰

隶书

开元十五年（727）六月二十日葬

65×65cm

李延明，字昱，陇西狄道人（甘肃省临洮县人）。弱冠举孝廉登科，参宁州军事，转杭州司兵；迁内率府长史、詹事承、德州长史、赵州长史；转饶州司马、泗州别驾，迁陕州别驾。开元十五年（727）三月卒，同年六月葬于洛阳平阴乡。此墓志亦是唐代隶书风格作品，其书法不出盛唐隶书轨辙，笔法严谨，布局得当，可能是过于谨慎的缘故，在结体上有些拘束而不够通透。

李延明墓志（局部放大图）

○三一　裴友直妻封氏墓志

吕向撰，宋儋书

行书

开元十五年（727）二月二十九日葬

45×45cm

志主封氏，太府卿裴友直之妻，开元十四年（726）八月卒于河南陆浑山舍。撰志者吕向，玄宗朝著名学者、书法家，工于草隶，能一笔环写百字，人称"连锦书"。书丹者宋儋，玄宗朝著名书家，善楷、隶、行、草，笔墨精劲，唐人窦臮所著《述书赋》谓其"作钟体而侧戾放纵，迹不副名"，当时科场士子多学其书，今嵩山尚有宋儋撰书《道安法师碑》。

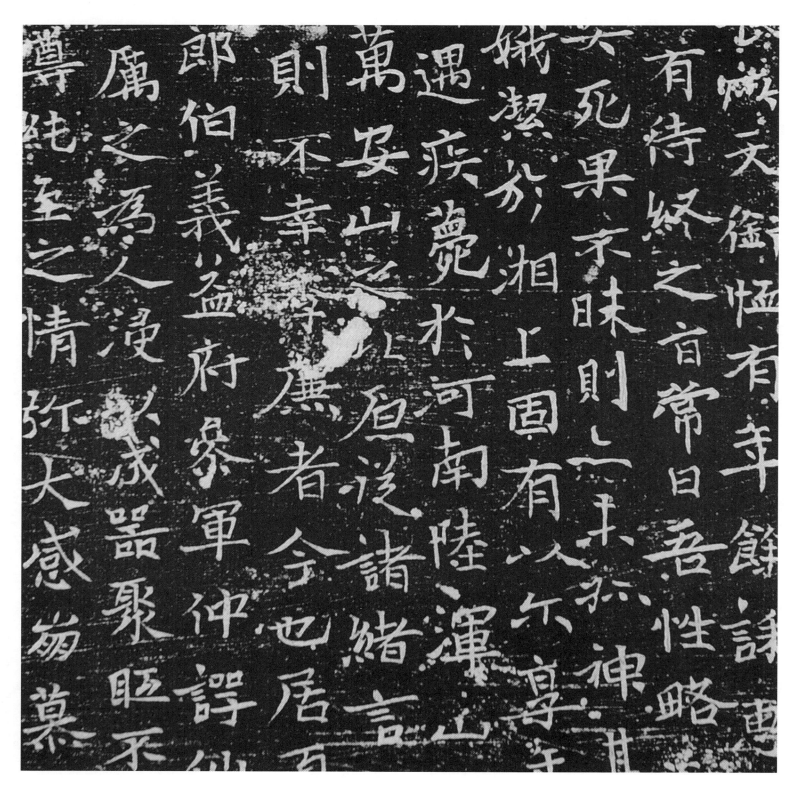

裴友直妻封氏墓志（局部放大图）

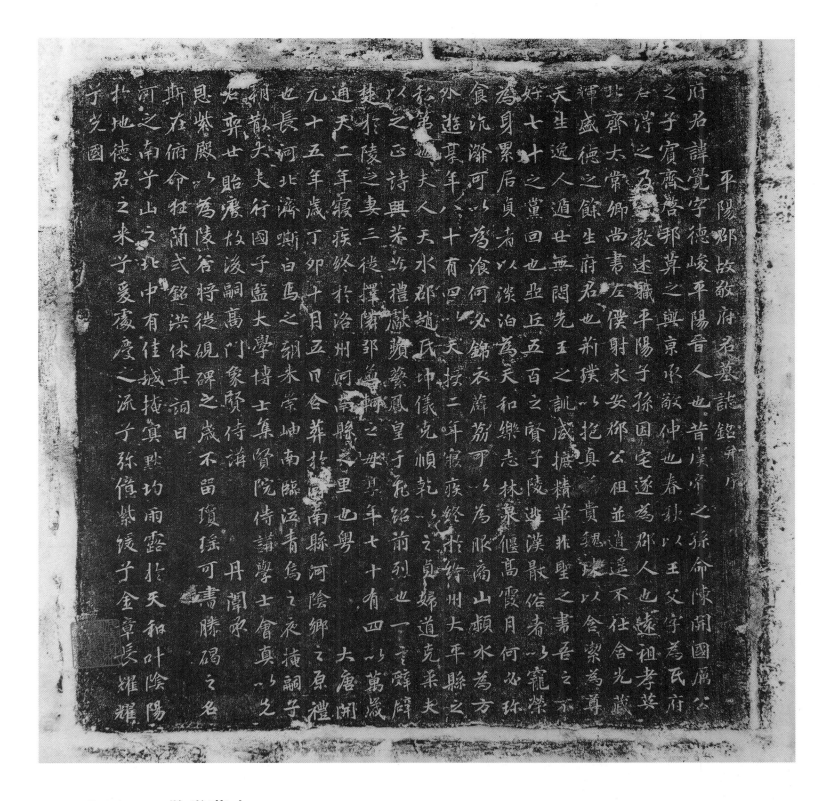

○三二　敬觉墓志

行书

开元十五年（727）十月五日葬

50×49cm

敬觉，字德峻，平阳人（今山西临汾西南人）。敬觉雅好林泉，逍遥不仕，
天授二年（691）终于绛州太平县私第，享年八十四，开元十五年（727）十月合
葬于河南县河阴乡。此墓志书法用笔娴熟，体势安稳，水平较高，属于行楷风格，
从整体和个别字的写法看，此书作者受《怀仁集王羲之圣教序》影响很大，只是
在节奏感上不是太协调。

昔虞帝之孫命陳開國厲公

仲也春秋以王父字為氏府

固宅遂為郡人也遂祖孝英藏

郡公祖並道遘不仕舍光為尊

把真精華貴魏涑以食絜為尊

咸摭精華非聖之書吾之不

賢子志林泉偃漢高散俗者必寵榮環

樂可以為眼商山顧月何以方

荔可疾終於給婦川大平縣夫之

呼順寢乾紹之臭一道克采大

克于兒也列自婦道克辟夫

皇安算年七十有四以萬歲

之安算年七十有四以萬歲

敬觉墓志（局部放大图）

○三三　李行止墓志

楷书

开元十八年（730）六月十三日

61×61cm

李行止，字行止，陇西（今甘肃陇西县）人。曾祖李穆，隋开国功臣。其妻为中书令姚崇之妹，曾拒绝姚崇举荐。开元九年（721）九月卒，享年八十四，开元十八年（730）六月迁葬。该志虽不署撰书人，然书法清秀舒展，变化多端，富有特点，结体大小长短一任自然，是初唐书风在中盛唐的延续。

人帝顓頊載時以象天開國

之始也周柱史及關著書教

之始也四封之後百代可知

戶位至太保封中國公自周

多所弘益祖辟左武衛公

百里公即第五子也茂才應

以仁靜俗故有馴蟄靈素之

夫遷永樂告成雖歲且四縣令襄有

欣然而就焉雖莫可二縣四周公

以為濟俗非賢之歌盈於人

自公之至康我任窮暴祁奚鮑

公曰僕東大任窮慕祁奚鮑

侍御史再舉尚書郎拾遺補

李行止墓志（局部放大图）

○三四　裴冬日墓志

李邕撰

隶书

开元十八年（730）十一月十日葬

60×60cm

裴冬日，号无量，河东（今山西运城永济一带）人。开元十二年（724）正月卒于洛阳尊贤里之私第，享年八十八，开元十八年（730）十一月异穴而葬。此志是典型的唐代隶书风格，有一定的装饰化倾向，用笔追求法度，尤其是突出波磔，有很强的视觉效果，对今人学习书法有借鉴价值。

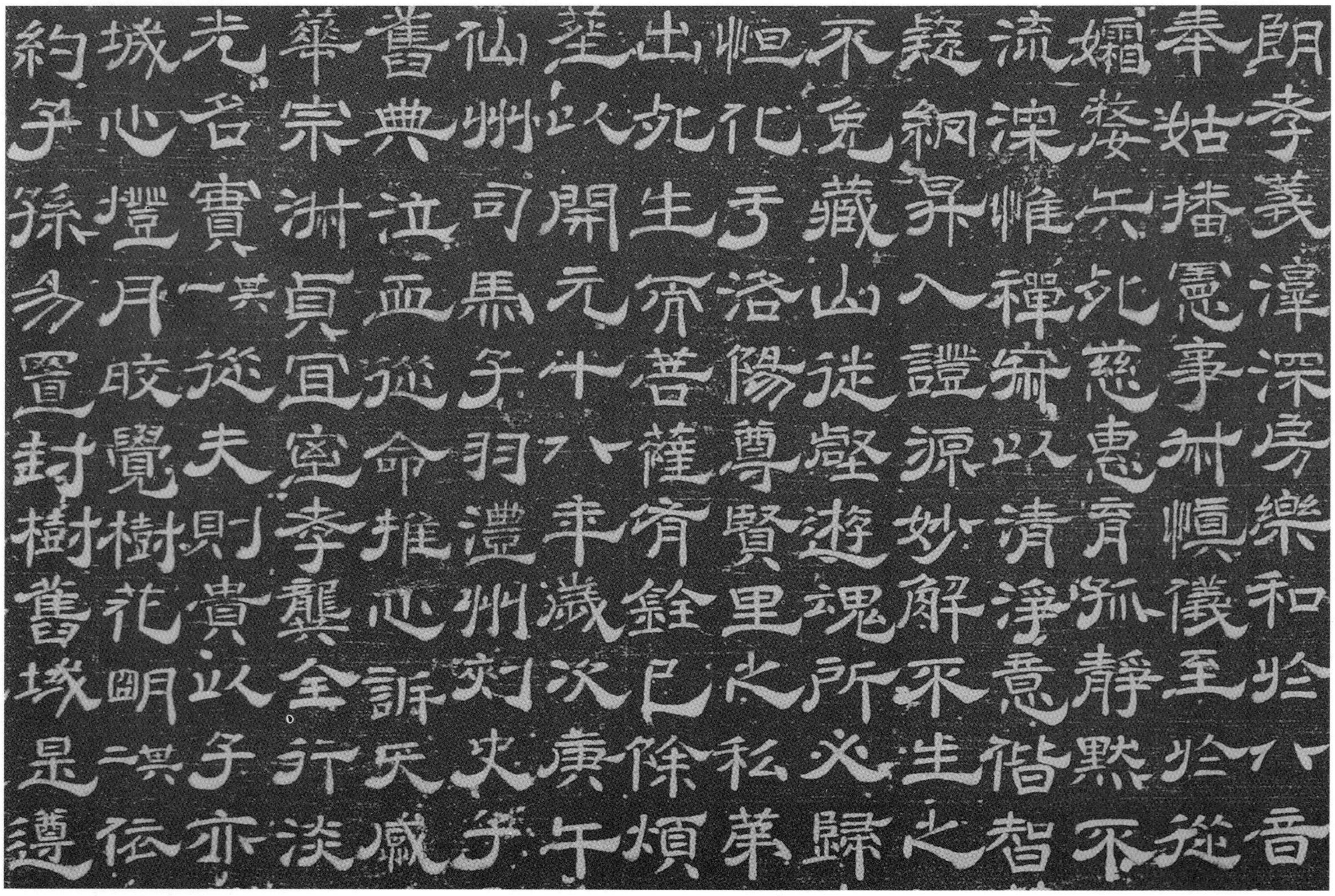

裴冬日墓志（局部放大图）

○三五　许景先墓志

韩休撰，许景休书

楷书

开元十八年（730）十一月二十日葬

115×115cm

许景先，讳杲，字景先，高阳（今河北省保定市东南部）人，进士出身，历任虢州刺史、岐州刺史、吏部侍郎，开元十八年（730）八月卒于京兆宣阳里，春秋五十四。墓志对其家世的记载可纠补两《唐书》本传及《元和姓纂》之误，对其科第的记载可补《登科记考》之不足。韩休为盛唐名相，以文辞著称当世。此志书法风神俊秀，笔法精妙，与盛唐徐浩书法有几分神似之处，实乃墓志书法之精品。

瑞於禁省立網紀於藩邸邦君
道為之貞天縱其才夫其德容
氏之子其庶乎不違仁不貳過
在忩成誦經史必覽道敏學尋
方正舉擢第授陝州夏縣尉
製報慈閣賦當時以絕唱京
制付史官仍令選日優與兵
吏薰優睪對策甲科授楊府兵
臺閣生風朝廷肅然莫不聳懼
其羽可用其儀有序屬三九宴
中書舍人有詔令中書門下詞
命公為之序咸奏聞大承優賞
丞遷史部侍郎公有澄清天下
無滯才是時天子勵精為政求

许景先墓志（局部放大图）

○三六　段嗣基墓志

楷书

开元十九年（731）十一月十五日葬

70.5×70.5cm

段嗣基，武威姑臧（今甘肃武威）人。以门子宿卫选为韩王府功曹，补润州司士，调任光州东光令，永淳二年（683）十二月卒，终年五十七，开元十九年（731）合葬于洛阳。该志不书撰书人姓名，书法带有"魏碑体"特征，同时又有初唐褚遂良融诸家之长后的"细劲华逸"之风，是研究初唐书法演变的重要实物资料。

段嗣基墓志（局部放大图）

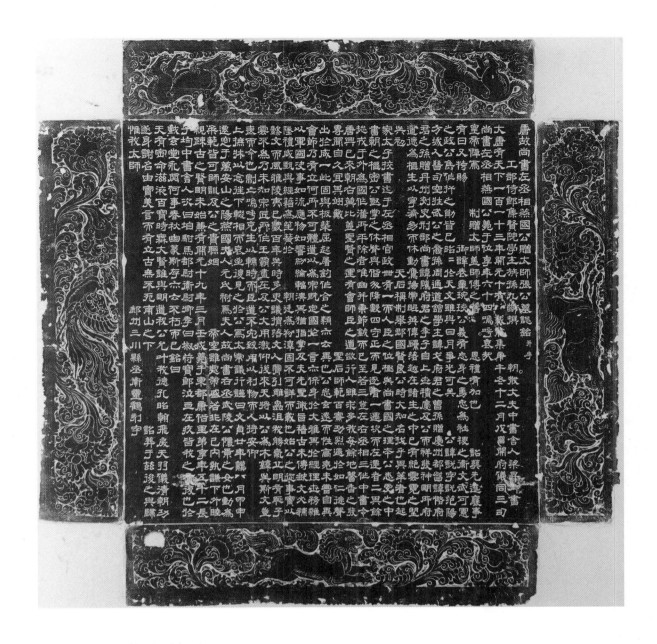

○三七　张说墓志并盖

张九龄撰，梁升卿书，卫灵鹤刻

隶书

开元二十年（732）八月葬

志盖篆书"唐赠太师燕文鼎公张公墓志"

110×110cm

张说，字说之，范阳方城（今河北固安县）人。唐代著名宰相、文学家。一生历武周、中宗、睿宗、玄宗四朝，三为宰辅。开元十八年（730）十二月卒，终年六十四，开元二十年（732）八月迁葬于万安山。撰志者张九龄是开元名相，书丹者梁升卿为盛唐开元间隶书名家。唐人吕总《续书评》评价梁书如"惊波往来，巨石前却"。宋朱长文《续书断》列梁的书法为能品。梁升卿的隶书属于典型的唐代风格，以点画工稳、风格华丽、装饰性强为主要特点。此志书法用笔规范精准，结构上密下疏，平稳匀称，给人以超然拔俗之感，但梁的隶书用笔过于程式化，有些笔画略显做作。志盖篆书严谨端正，有庙堂之气，似有秦诏版之笔意。

张说墓志盖

○三八　袁王（袁恕己）妃张氏墓志

楷书

开元二十年（732）十二月十五日葬

70.5×70.5cm

张氏，南阳人，为唐朝宰相袁恕己妃。袁恕己曾与桓彦范、张柬之发动神龙政变。张氏开元二十年（732）五月终于河南仁风里私第，终年六十五，同年十二月葬于河南县伊汭乡梁村。此志刊刻于盛唐时期，其时楷书已趋于成熟，从此志书法看，笔法娴熟，结构安稳，与徐浩楷书有几分神似，时代气象显露其间，允为佳作。

袁王（袁恕己）妃张氏墓志（局部放大图）

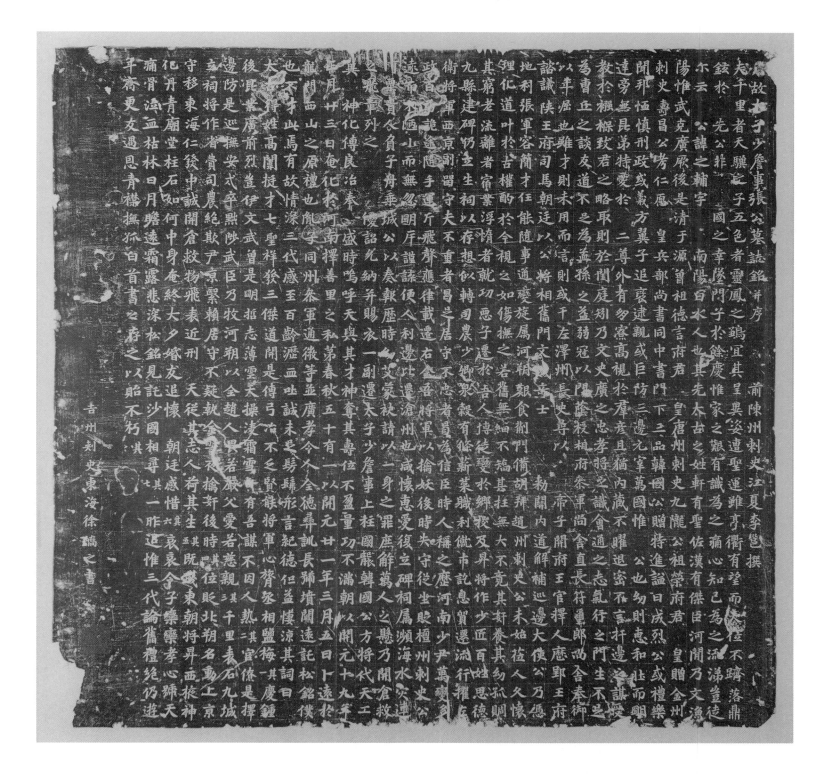

○三九　张之辅墓志

李邕撰，徐峤之书

楷书

开元二十一年（733）三月五日葬

88×88cm

张之辅，河南南阳白水人，开元初官拜赵州刺史，历任金吾将军、檀州刺史、沧州刺史，终官太子詹事。开元十九年（731）正月卒于河南择善里私第，春秋五十一，开元二十一年（733）三月葬于洛阳龙门西山。李邕，为盛唐著名书法家；徐峤之，亦唐代知名书家，徐浩之父。此墓志书法从二王出，气度不俗，沉雄而富有韵味，其用笔颇有法度，有庙堂之气。

霜雪有吾謀不因人熱其宜僚是

不之賢將軍心膂相梅慶其

是髯歸骸形言訓德但益相鹽梅其詞曰

令長全德彝紀德長歸壙遠其託松銘

有壽位一以開元廿一年三月五日卜遠

少詹事上柱國韓國公方將代天

以一身之罪庶寵萬人之懸乃開天倉

也以咸懷惠愛復立碑祠屬瀕海水災

為信臣時人稱之歷河南少尹州刺史

從薪菜職利儆市記息貿遷流行攫

不矯於其柱無大不竟其奸匠百姓思

徒變其鄉及昇將作少匠養其幼孤思

門備胡拜趙州刺史公未始莅人久

张之辅墓志（局部放大图）

○四○　姚异墓志

楷书

开元二十一年（733）十月四日葬

74×74cm

姚异，姚崇子，字谦光，本吴兴人，高祖避地陕郡，曾祖姚善意因官迁于洛阳，遂为洛阳人。弱冠以门荫补怀州参军，后贬沣州司仓，常、宋二州司功，寻又改将作丞，蒲、卫二州司马，京太庙令、太常丞、太子中舍人、太仆少卿，复转光禄卫尉、太仆少卿，出牧坊、许二州。开元二十一年（733）三月病逝于许州官舍，春秋五十二，其年十月四日归葬于洛阳万安山南。此志辞藻华丽，文辞优美，志文为楷书，虽不署撰书人姓名，然书法挺拔劲美，颇有法度，当为名家所书。

姚异墓志（局部放大图）

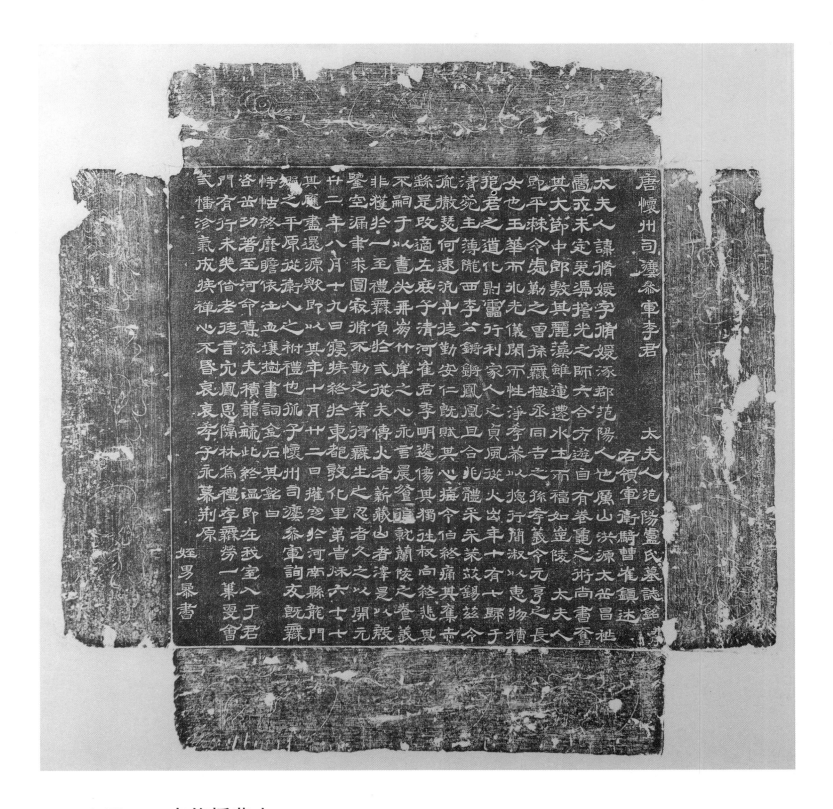

○四一 卢修媛墓志

崔镇述

隶书

开元二十二年（734）十月二十二日葬

68×68cm

卢修媛，范阳（今河北涿州市）人。开元二十二年（734）八月卒于洛阳郭化里私第，春秋六十七，同年十月葬于河南县龙门乡。此志书法也是典型的唐代隶书，从书写看，作者熟练掌握了唐隶的笔法和结体规则，作品不乏形式上的美感，但一些笔画过于丰肥，波挑的写法几近于俗，不可不察。

太　盧　其　卽　女　羝　清　孤　緜　不　非　鑒　廿
夫　永　大　平　君　苑　瑟　何　是　嗣　獲　空　二
人　末　節　令　主　華　道　薄　于　以　於　漏　年
諱　定　中　令　之　化　隴　何　適　至　一　書　八
爰　爰　處　郎　道　西　汎　左　求　圓　　　　月
媛　導　郎　敷　其　光　李　舟　尖　庭　禮　　十
字　挃　勤　其　之　雷　光　子　卅　寂　　　九
脩　光　曹　麗　儀　行　公　清　崩　負　湖　　日
媛　之　孫　閑　利　鋼　竹　河　於　寢
涿　師　雛　亦　家　鋼　安　崖　武　動　挾
郡　六　極　蓮　人　鳳　仁　君　從　之　絕
范　合　遷　丞　淨　之　凰　既　季　夫　心　於　業

卢修媛墓志（局部放大图）

○四二　许日光墓志

张楚撰

行书

开元二十三年（735）十一月十日葬

60×60cm

许日光，唐邓国公张暕之妻。许日光为忠烈后裔，其父许钦寂于则天朝万岁通天元年（696）征战契丹，以身殉国。许日光开元二十三年（735）九月卒于河南第，春秋六十五，同年十一月葬于洛阳万安山。此志书法风格明显受《兰亭序》影响，诸多单字与神龙本《兰亭序》相似，笔法灵动，飘逸有神，显示出盛唐时期书者对《兰亭序》的取法与传习。

许日光墓志（局部放大图）

人諱日光著姓啟於高陽本枝
大蟬聯至今曾祖善隨應聶府夫
朝洛州長史列考欽寀府
名重當代勳書盟府
繢業齊於蔡氏則以世族歸我
謂嘉偶而云好述當宜家之和
華金章允戌仇儷之表克大閨
不融良鑒莫驗而已令年秋九
五後十一月十日薨於萬安山
帳之辰遂為玄堂之事性晤輪轉心
娛不替蘋蘩之事識臨終遺約
遘林嘗員山妻之識臨終遺
有之子將作少匠履氷殿中丞

○四三　萧元祚墓志

萧诚撰，萧谅书

行书

开元二十三年（735）闰十一月葬

69×69cm

　　萧元祚出身兰陵萧氏齐梁房，为梁武帝萧衍后裔。二十岁时以门荫入仕鲁王府祭酒，后转任舒王府主簿，历任衡州攸县、茶陵县令，唐神龙二年（706）殁于萍乡县令任上，春秋六十七，景龙二年（708）归葬于洛阳北邙，开元二十三年（735）合葬于洛阳龙门。其子萧诚、萧谅较为显达，且均以书法闻名于世，有"诚真谅草"之赞誉。传统文献中没有著录萧谅书法作品，目前确知的仅此方墓志。尽管萧谅在唐代以草书而闻名，但此志行书书法典雅流丽，工稳大方，点画精到，在用笔细节上有褚遂良影子。该志笔法楷书而时有行书笔意，严谨而不失灵动，与整体的楷书风格相映成趣，体现出其深厚的书法功底。另本书所收《崔尚墓志》虽未署书丹者，但整体风格与此志颇为相似，其中"诚""书""唐""郎""君""分"等字的写法与前此志如出一辙，疑书丹者为萧谅。

萧元祚墓志（局部放大图）

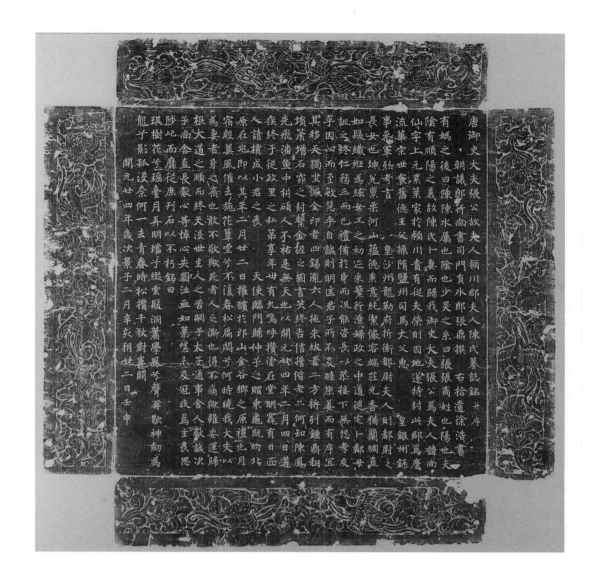

○四四　陈尚仙墓志并盖

张鼎撰，徐浩书

楷书

开元二十四年（736）二月二十二日葬

志盖篆书"唐颍川郡陈夫人墓志"

99×97cm

陈尚仙，字上元，颍川（今许昌）人。盛唐名将张守珪之妻，开元二十四年（736）二月卒，同月葬于洛阳邙山金谷乡。撰志者张鼎，著名诗人。书丹者徐浩，字季海，越州人，出身书法世家，工八分、行、草，尤精于楷书，著有《论书》一篇，是盛唐书法的代表人物，与颜真卿齐名，被称为"颜徐"。徐浩书法以二王为宗，兼学初唐诸家，其楷书、隶书都曾风靡一时，有《不空和尚碑》《嵩阳观纪圣德感应颂》等作品传世。由于徐浩长期在集贤院等制造官方书册，书写以楷正为律，不施性情，《宣和书谱》以为"窘于绳律"。但从此志书法看，徐浩早年书法已入山阴堂奥，笔法精妙，气息雅正。正如宋朱长文《续书断》中所称颂："少而清劲，随肩褚薛；晚益老重，潜精羲献。其正书可谓妙之又妙也。"志盖篆书属倒薤篆一路，竖画舒展婉转，配以周边的纹饰，实有飘然欲仙的感觉。

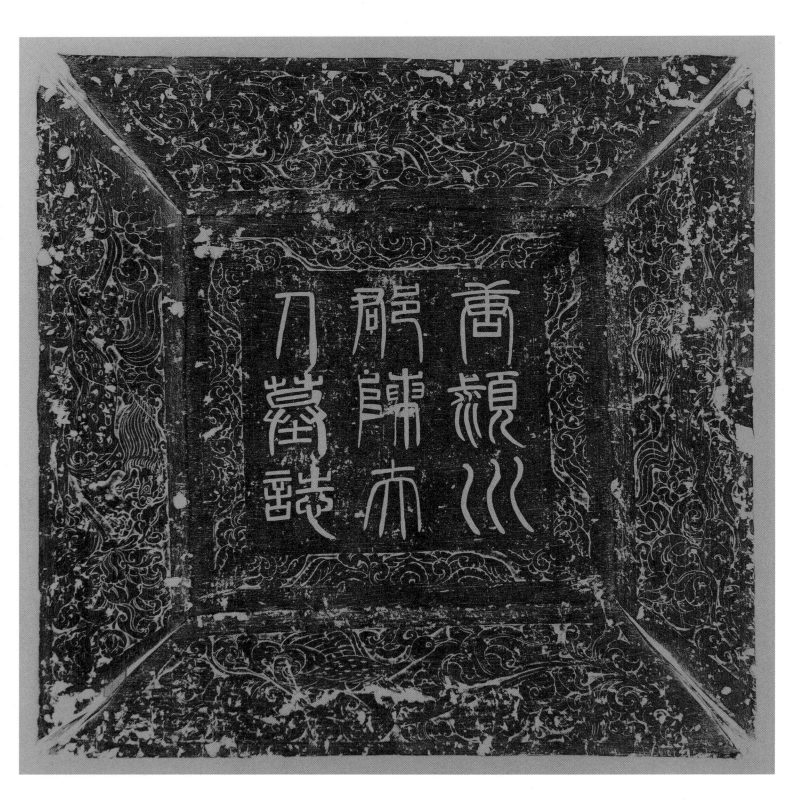

陈尚仙墓志盖

○四五　裴旷墓志并盖（一人双志）

王端撰

隶书

70×70cm

开元二十四年（736）三月二十九日葬

李吉甫撰，张诚书

楷书

65×65cm

开元二十四年（736）三月二十九日葬

志盖篆书"大唐故裴府君墓志铭"

45×45cm

裴旷，字允升，河东闻喜人。弱冠以国子进士擢第，授杭州于潜尉，历左卫录事参军、河南府温县主簿、大理评事、太府主簿、侍御史、右司郎中等职。以开元二十三年（735）六月二十七日遘疾于黔府都督任上，春秋六十四，开元二十四年（736）归葬洛阳河阴乡。裴旷墓志为较为少见的一人双志，志文分别为楷书和隶书，书法都极精美。隶书由王端撰写，文辞隽永；楷书由唐代宰相李吉甫撰文；志盖篆书，富有倒薤篆之韵味，字势纵向舒展，尤其是拉长的竖线条增加了字的飘动之感。

裴旷墓志（局部放大图）

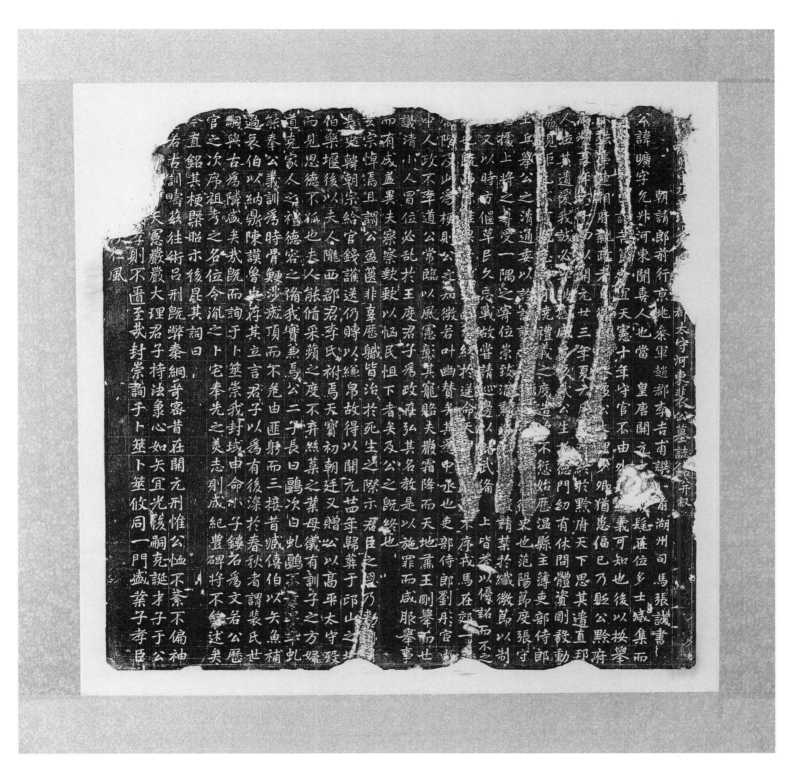

裴旷墓志

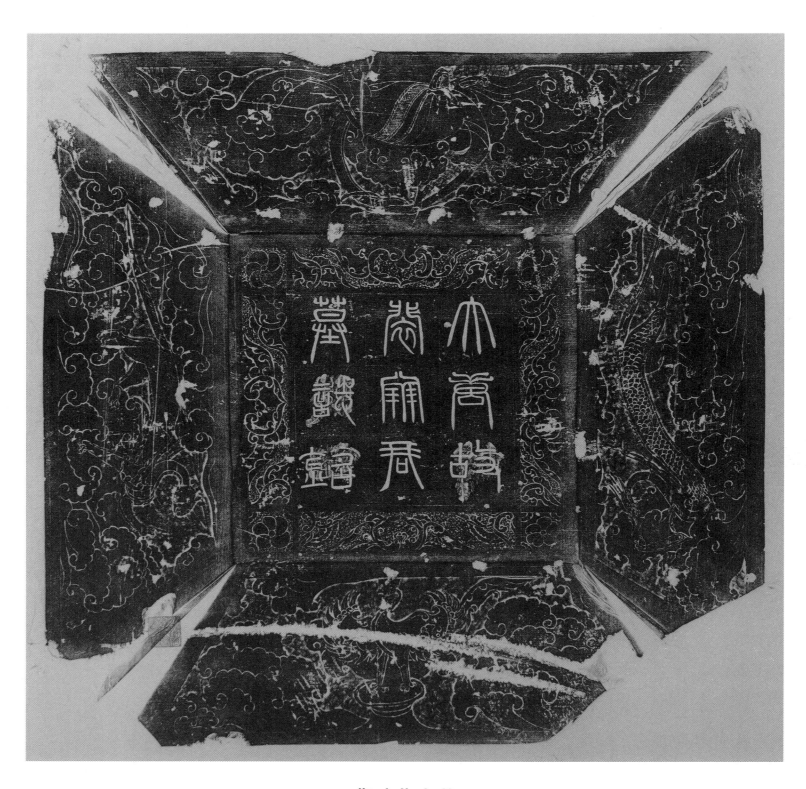

裴旷墓志盖

○四六　邠王细人高氏墓志

王蕃撰，李守礼书

行书

开元二十四年（736）八月二十三日葬

83×83cm

高氏，讳淑，字嬉奴，渤海蓨县（今河北景县）人，为邠王姜。邠王守礼，即章怀太子李贤次子。高氏开元二十三年（735）终于昌阳县公馆，次年八月葬于洛阳偃师县首阳原。此志为邠王李守礼书。从唐太宗李世民至高宗、玄宗乃至武则天，几位帝王皆好书善书，作为皇室亲王的李守礼显然沾染其风，其书法功底扎实，笔法精妙，点画尽得规矩，整齐而不呆板，庄严又显姿媚，实为唐楷之妙品。

皇任汝州司法參軍正以閑邪直以馭枉居
陰德父思業吏部常選員郎廟之材恥教居
於細人矣銀漢降露綠雲孕質雅貽教
其美膚沐青誠戢威組紃葛覃之詠昳彰
聞平甫託媒氏而委俞俯少姜之盛典年十
朱邪寵專房則胤嗣不廣於是奉无妃以假詞於
賫魚之序陳授環之儀喜愠志懷與物無
谷日愛施於月諸服或中於姊智菜州昌
雖奐居歸寧理未見目茲違疾奄棄生涯隅
散飛滯迴而未見目茲違疾奄棄生涯隅
於輝營倚門而　盧樓而骨驚歌式微
安仁過西思施弥傷奉舊之神至若繞梁之聲
繞輝遇思施而知美絕寘陵於昭代閱陽
也廿四年八月廿三日方悅親葬還詠自華以慰

邠王細人高氏墓志（局部放大图）

○四七　李超墓志并盖

赵子卿撰

行楷

开元二十四年（736）十一月九日葬

志盖篆书"大唐陇西李公墓志铭"

84.5×84cm

李超，字超，陇西成纪（今甘肃秦安县）人。父义琰，中书侍郎、平章事兼右庶子。李超历官楚州司仓、内直丞、尚舍直长、雍州录事参军，三十九岁时卒于旅馆，权窆于闵乡。撰文者赵子卿，《全唐文》收录其文一篇。此志书法极具特色，仍保留着北碑体势宽博和用笔活脱的特点，以正书为主，兼有行书笔意，笔画肥厚，字体硕大，排列整齐，行间茂密，颇有唐人正大气象。志盖书写亦较有情趣，用笔中侧并见，笔画圆润丰实，有强烈的个人风格，在唐志志盖书法中不可多得。

李超墓志盖

○四八　陈令同墓志

行楷

开元二十五年（737）二月十六日葬

46×46cm

陈令同，字奕，颍川（今河南许昌）人。解褐温州横阳县主簿，历舒州怀宁县丞。此志属于带有行书笔意的楷书作品。此作品书写相对比较放松，用笔化楷为行，以曲为直，点画朴质，笔致沉着。虽刊刻于开元年间，但笔意中似有北朝书法之遗韵。

陈令同墓志（局部放大图）

○四九　崔安俨墓志

韦子金撰

楷书

开元二十六年（738）三月五日葬

69.5×69.5cm

崔安俨，博陵安平（今河北安平）人。弱冠明经擢第，解褐滑州参军，历绛州闻喜、华州华阴二县县尉，后迁监察御史，历殿中侍御史、朝散大夫、尚书主客员外郎，出为襄州、灵府司马，迁大理正、汉州长史。开元二十六年（738）正月终于东都归仁里私第，春秋八十二，同年三月葬于洛阳城北。此志为形制特殊的鸳鸯制，崔安俨夫人李氏的墓志刻于其志盖的底部。墓志书体俊美，用笔上明显保留有北魏墓志特点，点画坚挺有力，转折处似刀砍斧斫，峻峭整饬。结体上采用魏碑"斜画紧结"式，造成章法上的密不透风之感。字势欹侧，撇捺伸展，整体上有茂密秀挺之美。

崔安俨墓志（局部放大图）

○五○ 冯中庸墓志

魏启心撰

隶书

开元二十六年（738）八月三十日葬

57×57cm

冯中庸，字温，先望长乐，后为河南颍阳人。年十五预乡贡进士，十九应制及第授郑州荥阳县尉，后转同州朝邑县尉，左迁抚州南丰县尉。开元二十六年（738）卒于抚州官舍，春秋四十四。同年八月合葬于洛阳龙门。志文撰者魏启心于当时有文名。杜甫《壮游》诗有"斯文崔魏徒，以我似班扬"，自注云：崔郑州尚、魏豫州启心。唐玄宗李隆基引领的隶书蔚成风气，一时隶书名家辈出，高手林立，并形成了独具风貌的唐隶，此作即是唐隶中的标准件，虽未标明书家姓名，但其水平当不在当时隶书名家史惟则、韩择木之下。

冯中庸墓志（局部放大图）

〇五一　刘宪妻卢氏墓志

崔珪撰铭，刘润撰序，魏幼卿书

楷书

开元二十六年（738）十一月八日葬

123×121cm

　　卢氏，讳字，涿郡范阳（今河北涿州市）人。开元十二年（724）十二月卒于洛阳敦行里私第，春秋六十五，同年十二月权殡于河南巩县，开元二十六年（738）与夫刘宪合葬。书者魏幼卿，其名仅见李华《杨骑曹集序》。此志书法主要出自初唐欧阳询一脉，但书者明显同时取法虞世南、褚遂良等名家，所以此作兼具各家之长，平实中不乏生动，方劲中又富有秀逸，实为难得。

唐故太子詹事劉府君故

夫人富諱字涿郡范陽人也故

父之仁節葳薤湖州史為旅今古誰倫也

子笑仁聞神明獨秀尉歲抗倫

悌二貴四代合門五公歎翠盖鍾陰

女誠無雙女儀一目覽記誦聞見

禮事輕經於衷已必取則於心夫頗

妙宜折衷之德歸家婦夫

府君感賢淵之淵德歸家必皆

無不躬親侍藥嘗膳必皆

刘宪妻卢氏墓志（局部放大图）

○五二　李隐之墓志

行书

开元二十七年（739）五月五日葬

48×48cm

李隐之墓志是新发现的一方高句丽移民墓志。李隐之，字大取，其先辽东人。李隐之生于高句丽，神龙元年（705），卒于上林里，开元二十七年（739）五月合葬。一生未仕，死时获赠"泉州司马"。此志书法出自二王正脉，点画之间有《兰亭序》之笔意，虽无书者姓名，但其书法水平较为高超，尤其是此志从审美上看，其丰腴华美的格调透露出盛唐之世的自信与充盈。

李隐之墓志（局部放大图）

○五三　桓臣范墓志

徐峤撰，王缙书

楷书

开元二十七年（739）十月十四日葬

89.5×89cm

桓臣范，字士二，谯国龙亢（今安徽怀远龙亢镇）人，唐中宗宰相桓彦范之弟，官至左武卫大将军、西京副留守等职，开元二十四年（736）十二月卒。志文详细记述桓氏家族在武则天至玄宗时期的政治盛衰，可补正史之阙。书丹者王缙，著名诗人王维之弟，代宗时期官居宰相，其书法在唐代颇为知名，论者把他和唐代著名书法家李邕并列，也有人称他"善草隶书，功超薛稷"。该志书法楷书中带有行书笔意，既点画工稳，用笔精到，又端雅雄健，自然流美，不失规矩而能得腴润流动之趣，可谓"不激不厉，而风规自远"，深得王羲之书法遒媚之真谛，与初唐诸名家之作相较亦不逊色。

學業炳父章灑翰石渠曳裾梁
垂裕雖位不充量才屈生前而
縱惠而不倫智以知微義以忘
夏多難之二張將弄神器五王克
有非常之北扶朝陽散出洛州遷
遘罹端鋒俟起特而加朝散大夫
朝多俟復佐命之勳逐臣矣
中宗之故復守親人寔俞共矣
秩未盡大才牧守親人寔俞共興
馬將離故府士攀轅牛酒盈
幷州未幾丁太妃憂無何有命
草奉累陳竟不之許其情至
不淂其生枢興遭迫以還北骨
不終制以是每百於恒情矣雖
入拜殿中少監時執政疇扶陽

桓臣范墓志（局部放大图）

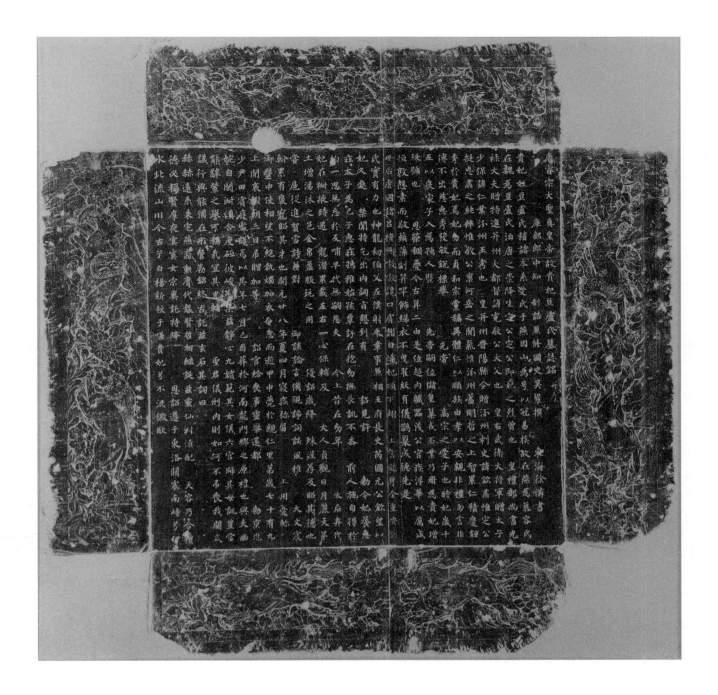

〇五四　豆卢贵妃墓志并盖

吴巩撰文，徐潾书丹

楷书

开元二十八年（740）七月葬

志盖篆书"唐故贵妃豆卢氏志铭"

82×82cm

豆卢氏，唐睿宗贵妃。豆卢氏出身蕃姓高门豆卢氏，其伯父是武周、中宗时期的宰相豆卢钦望。豆卢氏十五岁时成为李旦的孺人，后为贵妃，神龙年间出宫归家，开元二十八年（740）夏四月卒，年七十九。由于豆卢贵妃曾经养育过幼年丧母的惠庄太子李㧑及玄宗李隆基，故在玄宗时期深受礼遇。此志书法是盛唐风范，写得雍容大气而又生气流走，不拘一格，不同凡响，楷书用笔而有行书笔意，端正而不失自然，流动而内含沉实，令人赞叹。志盖篆书端正方严，观之令人肃然起敬，其风格虽属诏版一路，但应是唐代篆隶楷多种书体互相融合的产物，值得今人研究。

豆卢贵妃墓志盖

○五五　郑德曜墓志

卢僎撰，湛然书

隶书

开元二十八年（740）十一月葬

104×105cm

郑德曜，年二十嫁予卢从愿为妻。卢从愿迁工部尚书，夫人加封荥阳郡夫人，开元二十八年（740）九月卒于洛阳陶化里，享年六十，其冬十一月殡于河南伊川龙门山西。撰文者卢僎为卢从愿三从弟。墓志文笔流畅、用典颇丰。郑氏是虔诚的佛教徒，其志由僧人书法家汉阳沙门湛然手书，书者疑为天台宗高僧湛然，此志书法特点突出，是唐代隶书的优秀作品，其用笔自如，生动自然，给人以翩翩起舞之观感。

郑德曜墓志（局部放大图）

○五六　王琳墓志并盖

徐峤撰，颜真卿书

楷书

开元二十九年（741）十一月二日葬

志盖篆书"大唐故赵郡君墓志铭"

90.5×90cm

王琳，字宝真，太原人，出身世家大族，十八岁嫁予徐峤，婚后夫妇琴瑟和鸣，感情甚笃，开元二十九年（741）七月卒，同年十一月葬于洛阳龙门西岗。徐峤亲自为亡妻撰志，并托请颜真卿手书。颜真卿为唐代著名大书法家，以忠烈、善书闻名于世。此志书于颜真卿三十三岁时，是已知颜氏书法作品中年代最早的一件，为他于张旭亲授笔法之前的作品，其"颜体"风格已初露端倪。志盖篆书用笔恪守法度，点画处理多有巧思，结体也生动自然，以直线为主，配合少量的曲线，与周边纹饰的曲线融为一体，增加了整体的深远神秘气氛。

王琳墓志盖

○五七 卢君妻李氏墓志

湛然撰并书

楷书

天宝元年（742）正月三日葬

47×47cm

李氏开元二十九年（741）卒于洛阳德懋里，春秋四十八，天宝元年（742）葬于长乐原。此墓志为沙门湛然撰并书。湛然是当时一位著名的书僧，其书法兼擅多体，尤精楷隶。此作品为楷书，用笔秀挺，结体宽和，有萧然出尘之姿，堪称佳作。

卢君妻李氏墓志（局部放大图）

○五八　吕献臣墓志

刘缘光文，吕涟书

隶书

天宝元年（742）七月四日葬

53.5×53.5cm

吕献臣，东平人。卒年不详，享年五十七，权殡于河内别业，天宝元年迁厝于洛阳偃师首阳原。此墓志刊刻于天宝年间，是盛唐时期的隶书作品。此作品隶书书写以丰肥为尚，虽不乏整齐柔美之态，但用笔过于臃肿，视之有墨猪之嫌。

吕献臣墓志（局部放大图）

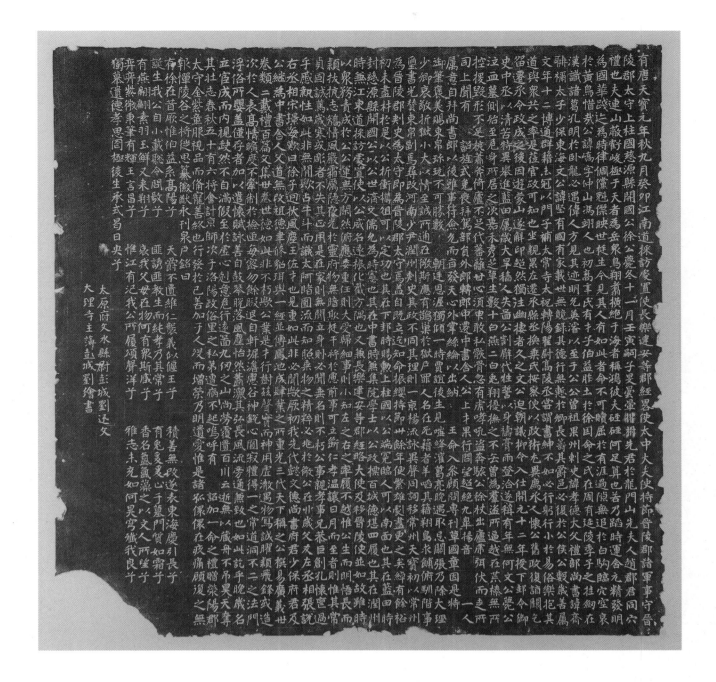

○五九　徐峤墓志

刘迅撰，刘绘书

楷书

天宝元年（742）十一月一日葬

90.5×90.5cm

徐峤，字仲山，冯翊（今陕西大荔）人。其祖徐齐聃、父徐坚均以文章知名。徐峤自弱冠入仕，始阳翟尉，数历京官，终晋陵太守，从政三十余年，颇有才干，政绩显著，天宝元年（742）九月卒于洛阳政俗里，终年五十六，同年十一月葬于洛阳龙门山。撰文者刘迅，乃唐代史学家刘知幾之子。书丹者刘绘，《书小史》云："彭城人，为延安都督，善书。"刘绘书法主要取法二王与初唐诸家，融汇诸体并形成了自己的面貌，结构舒展平正而富有变化，用笔点画精到，娴熟自然，流畅劲利，一气贯注。整幅作品给人的感觉就是法度严谨却毫不拘束，端正稳重而不失意韵，一派自信洒脱的盛唐气度。

徐峤墓志（局部放大图）

○六○　严仁墓志

张万卿撰，张旭书

楷书

天宝元年（742）十二月一日葬

52×52.5cm

严仁，字明，余杭（今浙江杭州余杭区）人，天宝元年（742）十月卒于河南福善里，享年五十三，同年十二月葬于偃师土楼。书丹者张旭为唐代著名书法家，有"草圣"美誉，官至金吾长史，世称"张长史"。精擅楷书、草书，取法二王，又兼取初唐欧阳询、虞世南等笔法，既严谨端正，又独出新意。结合其楷书《郎官石柱记》拓本与此方墓志，可以看出其楷书艺术的造诣不在草书之下，颜真卿称其"楷法精详，特为真正"确是中允之评。此志作为难得的张旭楷书作品，为我们研究唐代楷书提供了极为珍贵的资料。

五里新塋禮也執柎心所
福善里第春秋五十三以十
命位猶黃綬以為之德比珪
縣寶勞其人咸以天寶之年十
絳州龍門縣尉奉公之德忘私克
而器之尉循吏之忘美私克引
達昌之迹和有栖枳棘志遠雲霄
北歲聞詩禮弱冠窮遠奧以君
蒲鞭克已咸歸推之誠精首與以
風之能當象雷之誠首理君
馬父統挺生歧嶷東忘授後州遂
儔餘慶而挺鍾依仁遊藝學究
柱國寧遠將軍立言樹功殘

严仁墓志（局部放大图）

○六一　沈全交墓志

张寰撰

行书

天宝元年（742）十二月二日葬

45×46cm

沈全交，吴兴武康（浙江德清县）人，著名诗人沈佺期胞弟。进士出身，解褐右率府骑曹，受株连牵累，入狱贬官，五历县尉。后解绶归里，周游天下，有文集十卷。开元十二年（724）九月去世于陈留郡雍丘县，终年六十一，天宝元年（742）葬于北邙。此志虽书写于盛唐时期，但书法风格明显是初唐书风的赓续，当然也有盛唐雄强开阔之境界，是不可多得的书法瑰宝。

祖 挽 窆 久 終 文 不 大 節 貶 萃 達
業 遠 以 正 于 集 偶 賢 難 梁 府 政
文 呭 天 雅 陳 十 時 悲 合 騎 工
燿 然 寶 不 留 卷 常 其 如 州 曹 久
當 雲 元 臧 郡 晚 縱 振 簧 南 驒 傳
代 曾 年 若 雍 歲 人 人 順 鄭 珠 業
泣 陰 十 斯 丘 蓬 酒 埋 音 芋 出 洎
血 黄 二 遺 之 疾 埋 跡 貶 三 滯 公
純 壤 月 芳 客 玄 踌 曜 州 縣 以 之
孝 不 二 何 舍 懷 玄 世 之 尉 昭 轉
偁 用 日 泌 享 國 失 託 去 無 何 廘
得 失 望 何 昌

沈全交墓志（局部放大图）

〇六二　李慈晖墓志

行书

天宝三载（744）正月二十六日葬

65×65cm

李慈晖，天宝二年（743）卒于京兆府平康里，天宝三载（744）正月葬于洛阳北邙。此墓志书法颇为不俗，有两个方面值得称道：一是其笔法精妙娴熟，中锋和侧锋转换自如，游刃有余；另一点是其章法疏密得当，如风行水上自然而成，观之令人心旷神怡。

誌慈暉字慈暉漢將軍廣之後性助直
曾祖萬國皇滄州清池縣令中牟類美
縣丞不其著名歔歈廉絕皇孝蔵十五
短命德垂後裔其在公乎公起家補殿
書省都事遷左領軍衛長史卿乎管轄
亡拜朝議郎守儀州別駕位有經使人
拜司農寺九成宮抱物監任法有經近進
加朝散大夫遷京花物監明王密近進
陳長卿頦牆之義說子雲諫獵之情上
益省右僕射趙城縣開國子耀鄉吏部
政以禮友之前夫人太原王氏四德優
一日平于萬年縣隊業里之私第後夫
清高闓九十一年十月廿八日卒于長
河南北山清風鄉禮也嗚嗟袞哉公仁
當官而行初袚滿九成宮羣鹿速送乎
近巢聽事之堂吳窩不均降此大戾嗣

李慈暉墓志（局部放大图）

○六三　宋恕妻刘氏墓志

宋恕撰

隶书

天宝三载（744）八月十二日葬

57×57cm

刘氏，号仁者，一心向佛，深照禅理。天宝三载（744）七月终于阳翟县（今河南禹州）官舍，春秋三十四，同年八月迁葬于龙门。此墓志也是唐代隶书作品。其书法不出时代樊笼，唐隶的完美形式和雕琢习气一样不少。可见超越时代是一件十分不容易的事情！

宋恕妻刘氏墓志（局部放大图）

○六四　张敬舆墓志

席豫撰，席巽书

行楷

天宝三载（744）十一月二十三日葬

98×98.5cm

　　张敬舆，字敬舆，南阳西鄂人，孝廉擢第，初授丹阳郡曲阿主簿，得其外叔祖窦怀贞的提拔，官至监察御史，最终官至义王傅，天宝三载（744）九月终于河南县道德里，春秋七十九。撰文者席豫，字建侯，盛唐时期名宦，与韩休、许景先齐名，时人号为席公，玄宗赞其为"诗人之冠冕也"。书丹者席巽，盛唐时著名书家、收藏家。此志书法风格从初唐出，用笔工细，字势挺秀，意味隽永，值得玩味。

政美聲善远不可滕紀理綵郡縈
遂遷義王傅於是西園雅宴正陪
衾辥老頻有誡請天心允從遂
私苐春秋七十有九嗚呼哀哉公
顏展哀榮之贈表章頻請神鑒
夫人潁川陳氏懷洲順之儀禀溫
義陽主唐侍中江國公祖貞水部
貞左僕射則帝子帝孫既賢且哲
代所欽美啓彼舊塋同歸新穴之
樂也吳江之劒一夕還并潘岳之
禮溢平原郡將居心投我故交乃
子喪過禮棘居心偶運千年官
執英賢挺生稀代偶運千年官
諤然凡所在位目牛無全天道范
萬歲音容永隔唯有令名存之貞

张敬舆墓志（局部放大图）

○六五　李崇默墓志

许恒阳撰

隶书

天宝四载（745）四月葬

54×54cm

　　李崇默，字藏用，赵郡元氏（今河北元氏县）人。以门荫授左卫勋卫，调补博陵郡参军事，转常山郡司功。天宝四载（745）正月终于偃师，终年六十五，同年葬于偃师首阳山。此墓志为盛唐隶书作品。唐代隶书和当时的楷书一样，都以法度谨严为特点，此作整篇布局和谐，形式华美，有较强的秩序感和装饰感，但仍可见明显的雕琢之病。

李崇默墓志（局部放大图）

○六六　沈从道墓志

高敫庭撰

楷书

天宝四载（745）七月十七日葬

72×72cm

沈从道，字希言，吴兴乌程（今浙江湖州市）人。弱冠进士及第，历任要职，天宝元年（742）九月终于巩县之私第，春秋八十一，天宝四载（745）七月合葬于洛阳北邙山。有文集四十卷。夫人毗陵县君会稽虞氏为初唐名家虞世南之曾孙女，《书史会要》载其善学虞书。此墓志书法有魏晋意蕴，用笔自然畅达，又富有唐代书法常见的法度和典雅。

沈从道墓志（局部放大图）

○六七　崔尚墓志

崔翘撰

行书

天宝四载（745）十月十三日葬

52×53.5cm

崔尚，字庶几，清河东武城（今河北清河县）人。"崔为文宗，世擅雕龙"，崔尚曾祖崔君实有文集十卷，祖父崔悬解有文集五卷，父崔谷神有文集三卷，"文章四友"之一的崔融乃其叔父。崔尚亦擅文章，有文集二十卷，志载"中书令燕国公张说在考功员外时，深为叹赏"。玄宗天宝四载（745）七月九日卒于长安静恭里，享年六十六，同年十月十三日葬于洛阳万安山。志文正书，笔法圆润多姿，刚劲凝重。

公岳即君之十二世祖岳逢

祖瞻孙魏太子洗马平原广父

散骑常侍修国史鸿之卅父

夹许州司马文集十卷藏于

於世考谷神制举高第陕州

制语国子司业上柱国清河

制语赠宅州刺史贞公禹锡

德流於四海志有之崔为文

说在考功负外时深加赏歎

父美焉祉渊授记水县尉迁

君此行果皆非罪使乎之美

皇雜巡廛霧君上跣直谏

崔尚墓志（局部放大图）

○六八　韩履霜墓志

郑日成撰

隶书

天宝四载（745）十月十八日葬

57×56cm

韩履霜，字钦泰，河南颍川人。河南府录事兼充水陆运判官，选授尚书司门主事等。天宝元年（742）十一月终于长安崇仁里，春秋五十九，天宝四载（745）十月葬于河南县河阴乡。此墓志也是一方唐代隶书作品。其书写点画精到，特点鲜明，章法疏朗有致，给人以通透之感。

韩履霜墓志（局部放大图）

○六九　李昌庭墓志

崔珪撰

行书

天宝四载（745）十二月十三日葬

54×54cm

李昌庭，字萼，陇西成纪（今甘肃静宁县）人。弱冠补斋郎出身，解褐任杭州富阳县尉，转临汾县尉，迁阳翟县尉。天宝四载（745）九月卒于洛阳，春秋六十四，同年十二月葬于洛阳龙门西原。此墓志书法行楷相间，笔画劲健而有生动变化之美，尤其是点画之间的节奏感增添了作品的不俗韵致，行书和楷书的交错使作品产生了更加丰富的审美内涵。

咸然薛也悲夫廿子惟炎睢陽郡
過乎制家人遂薛其地域典瑞邑
薛之禮即以其載十二月十三日
人禮隴西成紀人也本姓理
而龍德龐秦漢之際赫矣立公石
降代有人焉曾祖行安邑之長楊州海陵
安邑縣主簿公則安邑人弱冠也
信而克己布德惠以夏人弱冠
陽郡臨汝縣子尉秩滿北遷河南府以其陽
愧於南昌橋之懷懋父址郡
命大敷縠錦之名舉不失有孔行
而又拜慶玉府之屬主太寶元載試稱
應皆雅元伯之名屬詔令四
以尊號俾系孫以居家署為宗長
中清華者衆澤諸居家

李昌庭墓志（局部放大图）

○七○　窦诚盈墓志

隶书

天宝六载（747）二月十四日葬

78×77.5cm

窦诚盈，字诚盈，扶风平陵（今陕西咸阳）人。天宝五载（746）八月卒于洛阳毓德里私第，春秋八十一。天宝六载（747）二月十四日葬于偃师。此志未署书丹者，然结体宽厚安正，肥硕中时见筋骨，劲健而不失飘逸，舒展而不失沉稳，定为名家所书。赵明诚《金石录》载《北海太守窦诚盈碑》为徐浩撰并八分书，此志亦极可能为徐浩所撰。徐浩楷书今有七方之多，然隶书并不多见。黄庭坚《山谷题跋》认为"唐自欧虞后能行备八分书者，独徐会稽公与颜鲁公"。今观徐浩隶书《嵩阳观记》《张庭珪墓志》与此志书法如出一辙。

窦诚盈墓志（局部放大图）

○七一 王承宗墓志

湛然撰

楷书

天宝六载（747）十月七日葬

53×53cm

王承宗，太原祁县人。天宝五载（746）四月卒于洛阳，春秋六十七，天宝六载（747）十月葬于洛阳邙山。此墓志书法属于楷书，略带有行书笔意。其书写下笔从容自信，提按顿挫无不得心应手，笔画干净利落，骨肉停匀，可谓一篇难得的楷书佳构。

王承宗墓志（局部放大图）

○七二　张具瞻墓志

张翃撰，张栩书

楷书

天宝七载（748）五月三日葬

75×75.5cm

张具瞻，安定（今甘肃泾川）人。十岁即以门荫充任斋郎。后得大臣苏晋推荐，任监察御史里行。得席豫推荐，任尚书职方员外郎等郎官。天宝七载（748）二月四日卒于长安兴里宅第，春秋六十四，同年五月葬于东京邙山。志文由张具瞻次子张栩书，志文行楷结合，笔法娴熟，气韵生动流畅，可见深厚的书法功底。

令政行三起望莅九遷惠化及於黎昨芳
制又調選時席吏部以公名聞郎官
氣司地理辟方名轉兵部負外郎加朱紱
高名歸其武庫是資起草父叶孫綸方欲
載集茶慕惟先人細三老之美撼百
國風生臺閣澌飙激貪飲水重諾峻吾節
發揚儒風退則安貞進無矯高冠長劍
空抱山高以為坐致台鼎之司將澳伊尒
嚴陰緬惟轉日訪彼禪門有懷山林欲弃
孝不欺暗室當負神明何圖未至懸車之
大人即實之時不得成壯志也鳴呼
訴者是以驗伏龜之地啓卧龍之塋卤簿齊
長日翔前任臨汝郡邦城縣尉止日翔今春得
仲日翔前任濟至府叅軍幼曰翔
胡等追惟義方翻可掌攜昊天罔極以切
庶渭斯父以見精爽故不假詞於作者貴

张具瞻墓志（局部放大图）

○七三　褚庭询墓志

褚庭诲撰，褚钧书

楷书

天宝七载（748）十一月十八日葬

73.5×74.5cm

褚庭询，字立节，唐玄宗时著名学者褚无量之子。十六岁明经擢第，《全唐文》褚庭询小传尚载其"擢书判拔萃科"。历任门下省典仪、江都县丞、渑池县主簿、万年县尉、太常博士、国子司业等职。天宝七载（748）三月卒于历阳郡官舍，春秋六十六，冬十一月葬于龙门乡之原。撰志者为其弟褚庭诲，庭诲为玄宗朝著名书画家，《图绘宝鉴》称其"善人物鬼神，有气韵，时称第一"。

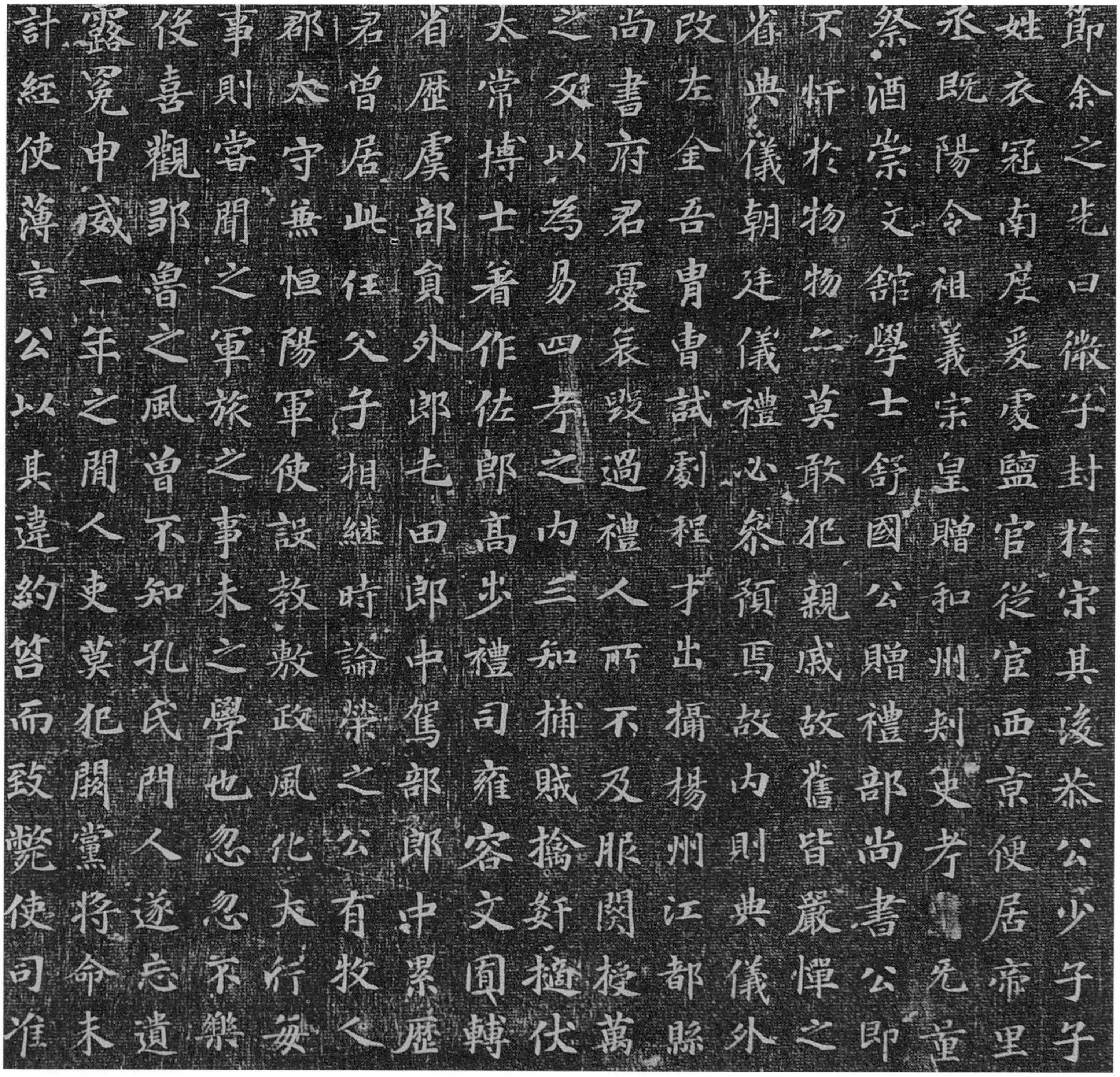

節余之先曰微子封於宋其後恭公少子
姓衣冠南度爰處鹽官從官西京使居帝里
丞既陽令祖義宗皇贈和州刺史考[illegible]充童
祭酒崇文館學士舒國公贈禮部尚書公即
不忓於物物二莫敢犯親戚故舊皆嚴憚之
省典儀朝廷儀禮必參預焉故內則典儀外
改左金吾胄曹試劇程才出攝揚州江部縣
尚書府君憂哀毀過禮人所不及服闋授萬
之歹以為易四考之內三知捕賊擒奸擿伏
太常博士著作佐郎高步禮司雍容文圓轉
省歷虞部員外郎屯田郎中駕部郎中累歷
君曾居此任父子相繼時論榮之公有牧之
郡太守無恒陽軍使設教敷政風化大行每
事則嘗聞之軍旅之事未之學也忽忽不樂
從喜觀鄒魯之風曾不知孔氏門人遂忘遺
露冕申威一年之間人吏莫犯闕黨將命未
計經使薄言公以其違約笞而致斃使司准

褚庭询墓志（局部放大图）

○七四　陈希望墓志

徐浩撰

行楷

天宝八载（749）十月九日葬

59×59cm

陈希望，字希望，颍川（今许昌）人，十七岁孝廉登科，历任枝江、滢阳二县尉，梁县、河阳二县丞，天宝八载（749）八月卒于洛阳睦仁里。撰志者徐浩，罗振玉《辽居稿》云："此志太子司议郎徐浩撰书，不著书人姓氏，而书体之工，盖亦出季海手也。"此处"太子司议郎徐浩撰书"，"书"字疑为后人加刻。此志书法取法二王，许多字的写法与《兰亭序》如出一辙，用笔婉转自如，节奏流畅自然，为唐代墓志行书精妙之作。

陈希望墓志（局部放大图）

○七五　郭虚己墓志并盖

颜真卿撰并书

楷书

天宝九载（750）五月十五日葬

志盖篆书"唐故工部尚书赠太子太师郭公墓志铭"

106×105cm

郭虚己，太原人。自幼聪明好学，一生宦海沉浮，官至工部尚书，晚年与吐蕃征战多年，天宝八载（749）六月"薨于蜀郡之官舍"，春秋五十九，天宝九载（750）五月葬于偃师首阳原。颜真卿为唐代著名书法家，颜真卿书此志时四十一岁，《多宝塔碑》早三年，是他早期书法的代表作。用笔挺拔严谨，结体方平端庄，具有浩然正气和勃勃生机。颜体楷书气象雄浑、体势宽博的主要特点在这幅作品中已透露无遗。志盖篆书中正平和而又摇曳多姿，深得倒薤篆之意趣，富有韵律之美，使人感到书写者的一笔一画都饱含深情。

郭虚己墓志盖

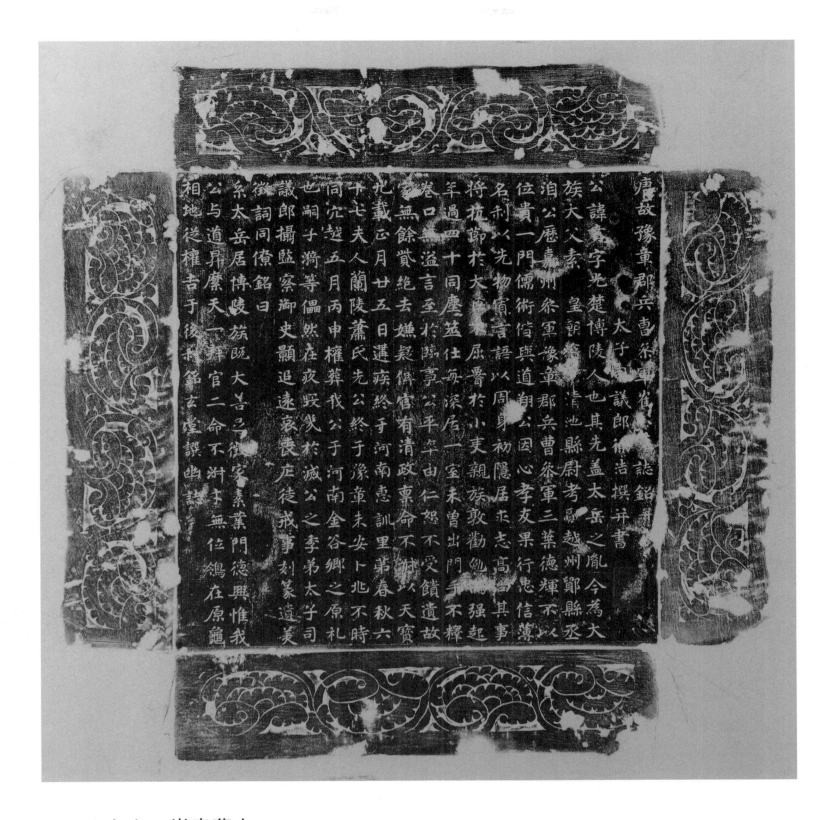

○七六　崔贲墓志

徐浩撰并书

楷书

天宝九载（750）五月葬

33.5×34cm

崔贲，字光楚，博陵（今河北）人。天宝九载（750）正月终于河南惠训里，春秋六十七，同年五月葬于洛阳金谷乡。崔贲墓志书法，点画厚重肥硕，结体宽博，与徐浩前期作品相比，少了瘦劲，多了圆厚。黄庭坚认为"唐自欧虞后能行备八分书者，独徐会稽公与颜鲁公。然会稽多肉，颜师多骨"。

崔贲墓志（局部放大图）

○七七　张招墓志

徐珙撰

行书

天宝九载（750）八月一日葬

57.5×57cm

张招，字怀远，武城（今广东韶州）人，盛唐名相张九龄侄之子。张招历官河南府参军、殿中省尚舍直长、荥阳司仓、大理评事，天宝八载（749）七月卒于长安长乐里，天宝九载（750）八月葬于偃师首阳山。该志署名徐珙撰，是否为其所书尚不确定。此志点画厚重，意态古拙，有盛唐气象，为唐代墓志佳品。

张招墓志（局部放大图）

○七八　王承裕墓志

张瑗撰，赵少坚书

行书

天宝十载（751）五月二日葬

54×53cm

王承裕，字文通，太原祁人。以军功授将，多任职西北、东北边陲，颇有政绩。志文行书，有李北海之风，笔力沉雄，凝重雄健。

王承裕墓志（局部放大图）

○七九　贾励言墓志

行书

天宝十载（751）十月二十四日葬

51.5×52.5cm

贾励言，字恒，长乐人。历越府参军、苏州昆山主簿、岐州雍县尉，贬咸安郡大竹尉，移遂宁长江尉，天宝九载（750）七月卒于长安延康里，天宝十载（751）十月葬于河南县梓泽乡。此墓志是行书作品，书写率意，节奏鲜明。但此志似乎书写于仓促之间，许多笔画有些生硬草率，聊可一观。此志有翻刻，并增刻"李华撰并书"字样。

贾励言墓志（局部放大图）

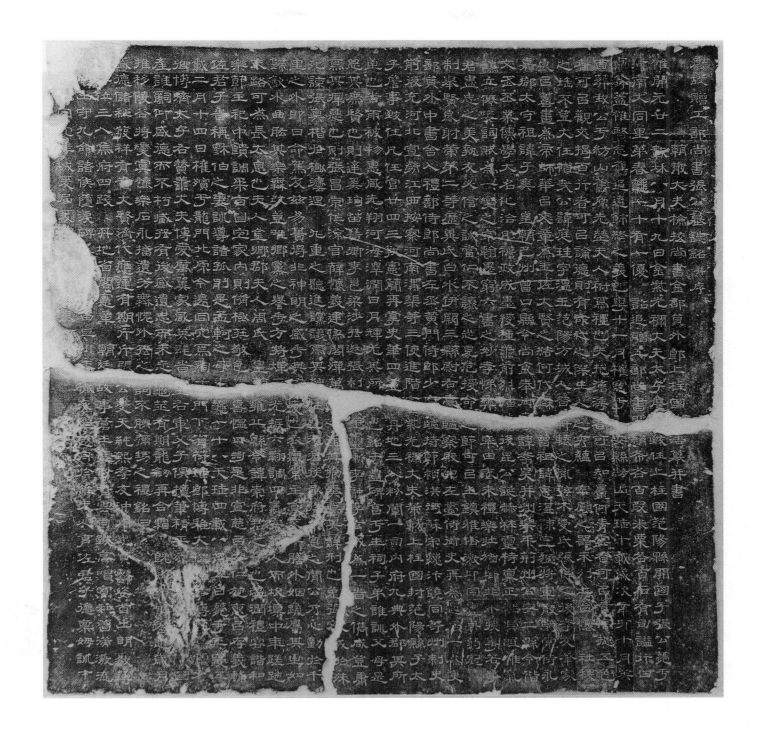

○八○　张庭珪墓志

徐浩撰并书

隶书

天宝十载（751）十月葬

80×80cm

张庭珪，字温玉，范阳方城（今河北固安县）人，两《唐书》有传。弱冠中制举贤良射策科，历冀氏等三县尉，右台监察殿中，左台侍御史，再为起居，后任中书舍人、礼部侍郎、颍洪等九州刺史，充河北宣劳等三使，终金紫光禄大夫、太子詹事。开元二十二年（734）卒于河南大同里，春秋七十七，天宝十载（751）葬于寿安县纺山。此志为徐浩四十八岁时作品，是继登封《嵩阳观圣德感应之颂碑》后又一书法珍品。书法笔画坚实，方圆有致，结体安稳，自信满满，自是盛唐之象。

张庭珪墓志（局部放大图）

○八一　崔藏之墓志

徐浩撰并书

楷书

天宝十载（751）十一月五日葬

65×65cm

　　崔藏之，字含光，出自清河崔氏大房，少有才名，开元初进士及第，授集贤院直学士，累官至膳部员外郎，天宝九载（750）十一月卒于长安怀真坊，天宝十载（751）十一月葬于洛阳万安山。此志书法骨丰肉润，有自我之轨辙。相较于一年前所撰崔贲墓志而言，起讫端严，楷正端庄，横细竖粗，布白匀称，字形平正，书写渐趋稳定。

朝朝散大夫雍州洢阳縣丞諱玄亮府
柱國諱藏無縱府君諱□字合光凤禀義訓性与道合無
君諱棨藏之字于李子解嘉其义父
於晉陽刑史于結解撰致禮数萬言
益詣大照禅師摳衣請益山著書先覺
因徴内外之學麗匹學士左常侍元公
府匹殿詳注注莊老公以進而無位無何不
麗里老經制補補集賢院直學士志於
所注終外除史益州敬忠軍知其雅量差
閣極歲餘擬張訪使蒲知軍刺史韓朝
司户换楊州大都督府兵曹衆軍長
者所宮尚書左丞席豫台公桉閒盡府丞幽
陜使奏文華表譽清白公持綱遷太府丞
席公湯奏時遇霖漁儲供所給實在近郊
幸温湯時遇霖漁儲供所給實在近郊

崔藏之墓志（局部放大图）

○八二　张履冰墓志

陶翰撰，张载书

行书

天宝十二载（753）八月四日葬

99×100cm

张履冰，字微言，南阳人。其父为唐玄宗时期名臣特进邓国公张暐，张履冰由恩荫入仕，初授左虞候兵曹参军，后官至右金吾将军、云麾将军，天宝十二载（753）正月卒于西京永宁里，同年八月葬于洛阳万安山。撰志者陶翰，以撰写《冰壶赋》闻名于世，《全唐文》《全唐诗》收录其多篇诗文。书丹者河阳县主簿张载为张履冰之侄，其行书以王羲之为主要取法对象，从此志可以看出其学习王羲之书法的痕迹。张履冰墓志书法之中透露出的盛唐气息，与徐浩、颜真卿的书法也能够找到内在的衔接与联系。

散大夫遷尚舍直長轉城門
逐所居必聞所及其遠尋遷嗟乎
智保家之所以全盛哉
南縣令操利器制京邑無外
人憂哀而心昭俯而就禮
垂白矣而心無羨明年
其侍從祖宴都門同二肆之
庶養也溫清有節而左右無
毀於禮則哭踴有度府君三
金音將軍加雲麾將軍誰何
而壯之而謂家國並勳父武
日發疾薨於西京永寧里之
監賜紫金魚袋忠貞則不敗
巳朔四日壬申奠我將軍公

张履冰墓志（局部放大图）

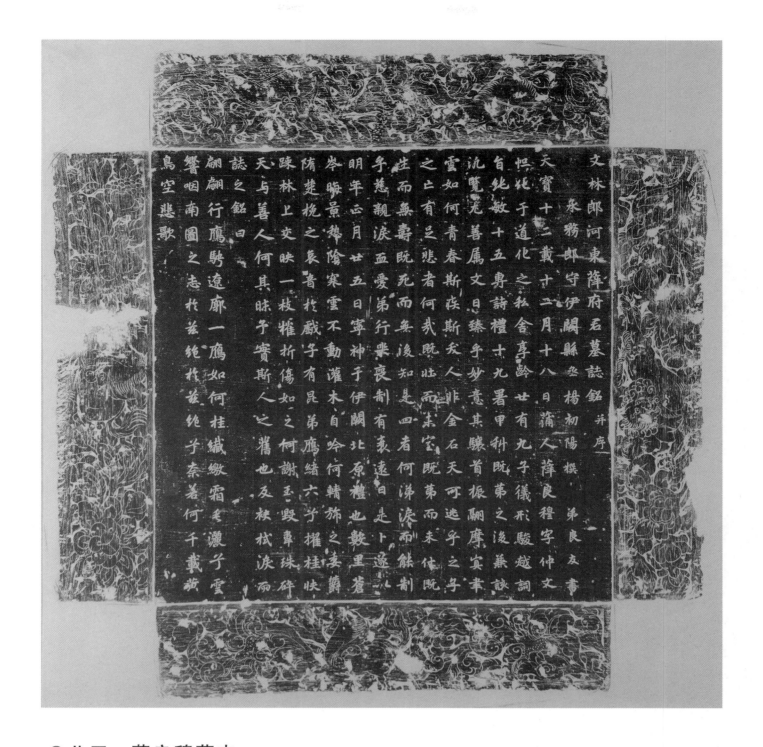

○八三　薛良穆墓志

杨初阳撰，薛良友书

行书

天宝十三载（754）正月二十五日葬

83×83cm

薛良穆，字仲文，蒲人。天宝十二载（753）卒于道化里，春秋二十九，次年葬于龙门。薛良穆十九岁署甲科，二十九岁而早卒，志文中写道："既壮而未室，既第而未仕，既生而无寿，既死而无后，知是四者，何涕泪而能制乎？"千年之后，此等平凡人物的落寞遭际仍能打动人心。此墓志虽字数不多，但纹饰精美，书写不俗。其书法源自王羲之一脉，用笔方圆并用，笔致优美自然，结体平和，气息醇厚，从此作可以感受到书者定是一位仁德君子。

大寶十二載十二月十八日蒲

恤艱于道化之私舍享齡廿有

白北敏十五尃詩禮十九署甲

沈覽尨龍屬文曰臻乎妙意署其

雲如巳有青春斯疾殄天人非金

之亡而無尺悲者何我既壯而未

生慈親淚壽既死而行無後喪制有

于年正月廿五日愛第寧神于灌木

明晦景黎陰寒雲不動有灘昆弟

峯楚挽之哀音枌戲子伊闕自

隋林上之交映一枝權折傷如之

踈疎與善人何其眛予實斯人之

天

薛良穆墓志（局部放大图）

○八四　张垍墓志

韦述撰，徐浩书

楷书

天宝十三载（754）十月十一日葬

63×61cm

张垍，字正平，著名宰相张说之子。张垍弱岁补弘文生，授河南功曹，历蓝田县令、太子中书舍人、给事中，左迁宜春郡外司马。天宝十三载（754）三月卒，同年十月葬于洛阳万安山。撰文者韦述为盛唐著名文士。此志正书，精细工整，端庄挺逸，温和敦厚，为徐浩晚年书法佳作之一。

张埱墓志（局部放大图）

○八五　郑炅墓志

郑沔述，湛然书

楷书

天宝十三载（754）十一月二十九日葬

69.5×69cm

郑炅，字休光，开封人，诸史无传，此志可补史阙。志文楷书，撰书者湛然，疑为天台九祖湛然。此志书法，结体宽扁，有别于当时盛行的唐风，有北朝风韵。除此志外，本书所收湛然书亦有湛然隶书《郑德曜墓志》及楷书《卢君妻李氏墓志》。

郑炅墓志（局部放大图）

○八六　裴令臣墓志

郑伯余撰

行书

大燕圣武元年（756）十月二十九日葬

50×50cm

裴令臣，河东闻喜（今山西闻喜县）人。孝廉登科，补汝南郡参军事，迁高平郡司士参军，授泗水县令。此墓志书法以二王为基，整体上给人典雅华美、丰赡多姿的视觉美感，其魅力在于其雍容优美的姿态中蕴含着鲜活的生命力，此得力于作书者高超的书写技艺和审美表现能力，令人赞叹。

裴令臣墓志（局部放大图）

○八七　严复墓志

赵骅撰，刘秦书，丁玩、李誼刻

行楷

燕圣武二年（757）十月葬

90×90cm

严复，冯翊（今陕西省大荔县）人，后随父迁居渤海（今河北省沧县）。后因其子严庄为安禄山谋士而受牵连，被诛杀于圣武元年（756）。此志书者刘秦为唐代书法名家，宋赵明诚《金石录》所载李邕撰《唐内常侍陈叔文碑》，即由刘秦所书。此志书法出自《兰亭》，又有盛唐丰腴时风的影响，笔法精到，结体工稳，骨肉停匀，风姿绰约。稍显不足的是，刘秦曾为翰林书人，难免沾染上院体习气，这一点在此志书法上也流露出来。

严复墓志（局部放大图）

○八八　严希庄墓志并盖

房休撰，刘秦书

楷书

圣武二年（757）十月葬

志盖篆书"大燕赠左赞善大夫严公墓志"

61×60cm

严希庄，景城（今河北省沧县）人。圣武元年（756）卒于沧州，次年十月葬于北邙山南原。严希庄为上志志主严复之子，此志同为刘秦所书。

严希庄墓志盖

○八九　薛郑宾墓志

王邕撰，柳曧书

楷书

乾元二年（759）五月葬

96×96cm

薛郑宾，河东人。历左监门卫录事参军、左清道率府胄曹参军、陕州芮城县丞、泽州司法参军，迁大理寺丞、太子司议郎，除丹州刺史，贬道州刺史。至德二年（757）八月卒，终年六十七，乾元二年（759）五月合葬于洛阳龙门乡北原。此墓志书法深得二王书法神韵，点画刚柔相济，骨力内含，结体方正安和，奇正相生，稍显不足的是此幅作品严谨有余而生动不足，缺乏生动舒展的韵味。

薛郑宾墓志（局部放大图）

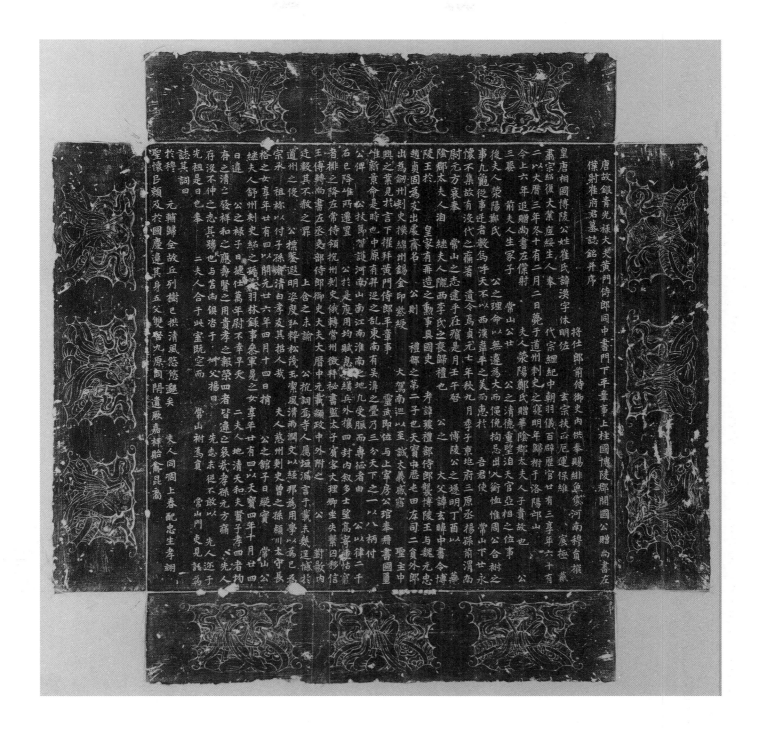

○九○　崔涣墓志并盖

穆员撰

楷书

大历四年（769）葬

志盖篆书"大唐故崔府君墓志铭"

108×110cm

崔涣，字休明，博陵安平（今河北安平）人，官至宰相。博陵郡王崔玄暐之孙，礼部侍郎崔璩之子。大历三年（768）十二月卒于道州刺史任，享年六十二，明年归葬洛阳邙山。此墓志书法风格接近徐浩，其笔法严谨，起笔、收笔等每个环节都绝不苟且，点画方圆兼用，结体稳健挺拔，不足处似略有拘束之感。此盖书法属于铁线篆一路风格，其笔画粗细均匀，线条圆转凝练，以中锋用笔为主，遒劲稳健而又不乏流畅温润之感。

崔涣墓志盖

〇九一 李收墓志并盖

李纾，郑絪书

楷书

大历十三年（778）正月二十六日葬

志盖篆书"唐故给事中李公墓志"

80.5×81.7cm

李收，字仲举，赵郡赞皇（今河北赞皇县）人。安史之乱中不受伪官，展现出高尚气节。李收大历十二年（777）八月卒于长安广化里，春秋五十六，明年正月葬于洛阳。书者郑絪，字文明，两《唐书》有传，唐宪宗朝宰相，《书史会要》称郑絪"于翰墨亦精"。此志结体紧密而疏朗有致，顿挫有姿而法度谨严。书法劲拔秀丽，有欧、虞之迹。

李收墓志盖

○九二　崔暟墓志

吴少微、富嘉谟撰

隶书

大历十三年（778）葬

阳面 103×102cm，阴面 102×103cm

崔暟，十八岁"以门胄齿太学"，十九岁"精《春秋左氏传》登科"，授雍州参军事等职，历官尚书库部员外郎、寿安令、相州内黄令、洛州陆浑令、渑池令、润州司马，神龙元年（705）七月终于东都履道里，享年七十四，大历十三年（778）葬于邙山平乐原。崔暟子沔、孙祐甫俱为唐代名臣。吴少微和富嘉谟皆为唐代散文家，两《唐书》有传。此志是了解"富吴体"弥足珍贵的实物资料。墓志无书丹者姓名，其字体与王媛墓志如出一辙，当皆为徐珙所书。

崔暟墓志

○九三　崔暟妻王媛墓志并盖

王颂撰，徐琪书

隶书

大历十三年（778）四月九日葬

志盖篆书"唐安平君夫人王氏墓"

阳面 90×90cm；阴面 91×92cm

王媛，字正一，太原晋阳人。出身官宦世家，开元九年（721）四月终于东都崇政里，享年七十四，大历十三年（778）与夫崔暟合葬于邙山平乐原。书丹者徐琪，唐代著名书法家徐浩之侄，以隶书见长。其隶书除点画沿用汉隶笔法圆润顿挫外，将汉隶中的篆味去掉，以楷入隶，结体加高，波磔消失，成为唐隶特有的风貌。

崔暟妻王媛墓志并盖（局部放大图）

崔暟妻王媛墓志

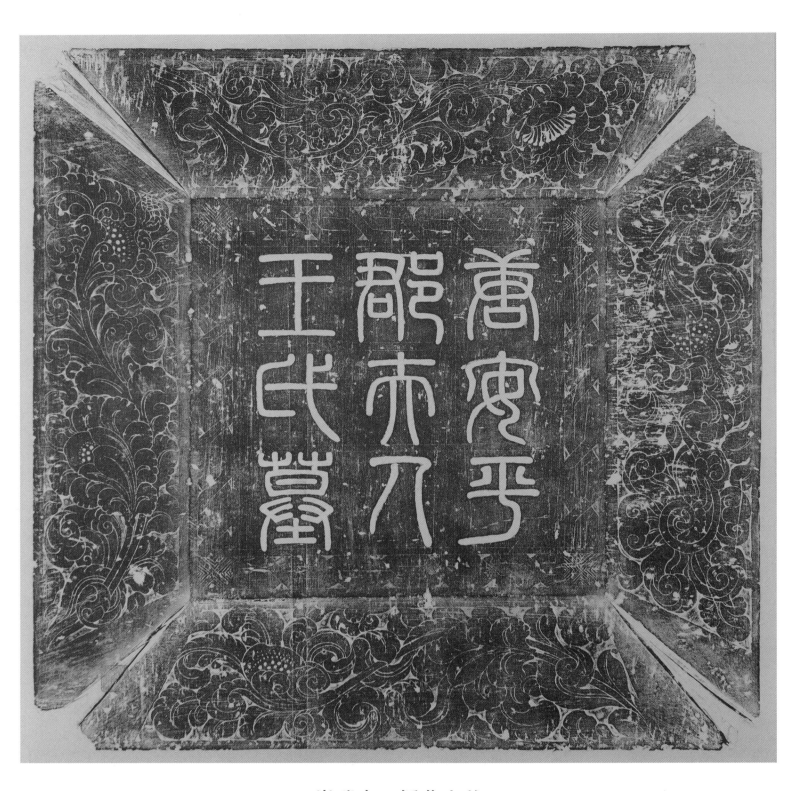

崔暟妻王媛墓志盖

○九四　李皋墓志

樊泽撰，徐顼书并篆盖

楷书

贞元八年（792）五月十二日葬

61×61cm

李皋，字子兰，唐宗室，嗣封曹王。历任衡州、潮州刺史，湖南观察使、江西道节度使、江陵尹、荆南节度使，多有战功。贞元八年（792）三月卒，同年五月葬于河南县平乐乡。撰文者樊泽，两《唐书》有传。志文由徐顼楷书，顼为书法家徐浩之侄，《书史会要》载其善八分书。刻工屈贲、马瞻以善刻著称。

李皋墓志盖

○九五　辛广墓志并盖

穆员撰，乐芬书

楷书

贞元九年（793）十二月十六日葬

志盖篆书"大唐故辛府君墓志铭"

104×104cm

辛广，陇西人。贞元九年（793）九月疾殁于任上，同年冬葬于邙山。此墓志属中唐时期作品，其书法风格在行楷之间，用笔节奏感很强，笔法稳健而不呆板，章法疏密得当，前后呼应。

辛广墓志盖

○九六　徐漪墓志

徐现撰，徐倚书，屈贲刻

楷书

贞元十二年（796）正月十三日葬

54.5×54cm

徐漪，字文沼，正史不载，可补史之阙。志载贞元十一年（795）卒，春秋六十七，贞元十二年（796）正月葬于偃师。"其先东海郯人也。因南迁于越，开元中，移贯河南府洛阳县。"徐漪勤学工书，为唐代著名书法家徐峤之之子、徐浩之弟；撰者徐现为徐浩之子、徐漪之侄，亦善书，现存偃师商城博物馆《徐浩墓碑》（贞元十五年立）即为徐现所书。徐倚幼时应跟随徐浩学习，此书当受徐浩影响。观徐倚所书《徐漪墓志》，结体严谨平正，用笔稳重，筋骨突出，字锋藏而不露。与徐浩《书论》的审美思想一致。

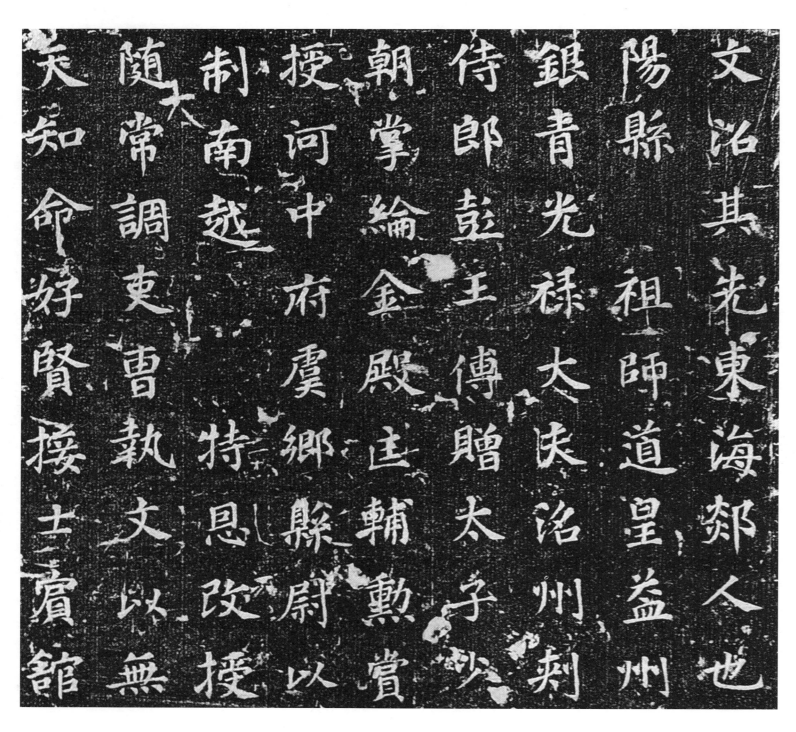

徐漪墓志（局部放大图）

○九七　袁杰墓志

袁抗撰，侯莫陈恁书，韩义昌镌

楷书

贞元十四年（798）八月葬

110×110cm

袁杰，字仲卿，陈郡阳夏（今河南太康）人。解褐左武卫仓曹参军，充都团练兼采石军副使，加大理司直兼监察御史。贞元十四年（798）五月终于怀州武德县，同年八月葬于洛阳龙门西原。晚唐书法大多属柳体风格，其源实出于初唐诸家和颜真卿，此墓志书法兼有欧虞和柳氏之风，兼容多家而融为一体，劲拔而圆融，法备而意足，洵属佳作。

兄前大理司直賜緋魚袋

傑字仲卿以貞元十四年閏五

授君大職歲不我予遽然謝世

曾祖康邦之司直祖仁敬尚書

持轄而臺閣清肅君即澧州之

南夷臧羣醴君少遭父艱介然

捐軀赴難憂國如家其顏克從

難則露其節檠鷹揚虎視麗寵

其然諾君才能甚難墊遂閑居

軍副使帷不獲免遂強應之至

誠因辟去職崔公感其仁孝嘉

矣時魏郡節度使田公永嗣凰

戎謂君才略之以濟事幹盡可

朝見之日辭若懸河帝

虜口之中誓莫不飲盜泉之水

袁杰墓志（局部放大图）

○九八　苑咸墓志并盖

苑论撰文，姚宋礼刻字

楷书

元和六年（811）正月十四日葬

志盖篆书"唐故中书舍人集贤院学士苑府君墓志"

69×69cm

苑咸，字咸，京兆（今西安市）人。至德三载（758）正月二十九日卒于扬州官舍，享年四十九，元和六年（811）正月葬于洛阳平阴乡。苑咸是开元、天宝之际政治思想与文化学术的重要人物。政治上曾受宰相张九龄、李林甫赏识；文学上与盛唐大诗人王维、卢象、崔国辅、郑审诗歌唱酬；思想上，崇奉佛教，佛学造诣精深。此墓志书法非常富有特点，结体向右上倾斜，笔画提按丰富而自然，空间开阔饱满，有二王意趣。

苑咸墓志盖

○九九　李侃墓志并盖

李汗撰

楷书

元和六年（811）四月九日葬

志盖篆书"大唐故李府君墓志铭"

46×46cm

李侃，字彦之，元和五年（810）终于伊阙县公第，享年七十六，元和六年（811）四月葬于伊阙县南三十里。此墓志书法颇有不俗之致，其用笔沉着劲健，藏头护尾，提按自然，体势平中见奇，宽和舒张，自有一种充盈丰裕之美。

李侃墓志盖

唐故清河崔夫人墓誌銘并序

夫朝議郎行尚書吏部員外郎盧士玫撰

（以下为墓志拓片正文，楷书竖排）

一○○　卢士玫妻崔氏墓志并盖

卢士玫撰

楷书

元和十一年（816）九月十日葬

志盖篆书"唐吏部员外郎卢公故夫人崔氏墓志铭"

58×58cm

崔氏，清河大族。元和十一年（816）五月终于长安升平里，九月葬于洛阳万安山。此墓志楷法谨严，点画精到，体势偏于瘦长，与柳公权书法有几分相似，但其书法整体上已开始隐隐显现出一种寒俭之气。

卢士玫妻崔氏墓志盖

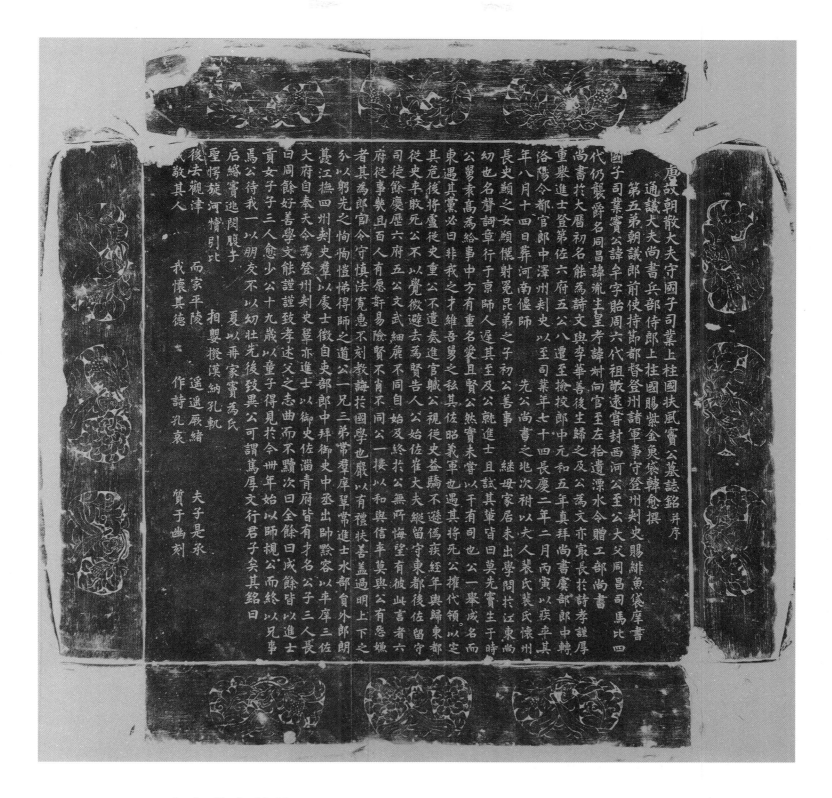

一〇一　窦牟墓志并盖

韩愈撰，窦庠书

楷书

长庆二年（822）八月十四日葬

志盖篆书"唐故国子司业窦府君墓志铭"

99×100cm

窦牟，字贻周，出身扶风窦氏。为世家大族，著名诗人，官至国子司业，《全唐诗》存诗21首，长庆二年（822）二月卒。此志已收入韩愈文集。书丹者窦庠为窦牟之弟，《全唐诗》辑其诗21首。此志书法具有盛唐余韵，有丰腴宽博之感，明显是院体风格，点画精到，体势平稳，庄重典雅。

窦牟墓志盖

一○二　赵宗儒妻韦氏墓志

赵宗儒撰

楷书

长庆四年（824）十月十日葬

62×62cm

韦氏，名信初，宰相赵宗儒之妻。长庆四年（824）正月卒于长安靖恭里，同年十月葬于河南县伊汭乡中梁里。此墓志书法整体来看，风格平实，略显平淡，缺乏灵动变化的美感。

顯盛兮世春去何往兮還無因期

體兮敬若賓敦節倫兮兮能率身工

義稱採蘋令我內範德為均啟封

墜路將封歸於宴歲衛恓為誌空

酉定于河南府真宰河南縣伊泗鄉中

士郎兆聞其鴉慕傷視何勝節節以

外人燕侍御史劍南南川終節度眾

夫言十七猶歸我始生及猶在俱甲

室人音猶在夫耳行止幹絹守目職瞻

輔道馮賴和夫貴人之中靡外焉方期

之助用自約為尚余發奢忽酌根物之

人能髮自聞損之歌意入安偍車物間

所歲夫人聞歌鍾出入安有淹於興深

歷路紀聽於序便若勝遊或有車興淹

途路時逢春序便若勝遊或有淹

赵宗儒妻韦氏墓志（局部放大图）

一〇三　卢士玫墓志

郑涵撰，卢遵方书

楷书

宝历元年（825）十一月十五日葬

77×77cm

卢士玫，字子珣，范阳（今河北涿州）人。进士及第，历左司御率府仓曹参军、左金吾卫兵曹参军，转大理评事兼监察御史，授殿中侍御史，拜起居舍人。宝历元年（825）七月终于河南县龙门乡别业，享年六十四，十一月葬于万安山南。墓志撰写者郑涵为宰相郑余庆之子，精于诗文，尤长于制诰。

襲贈工部尚書兖陽盧府君墓誌銘并序

廷朝議大夫守中書舍人上柱國滎陽鄭涵

来輔相之賢其功為大処有八方實封于齊

公諱士玫字子珣范陽人也曾祖諱正言左

狄尚書祠部郎中贈太子少保什度文業孝

無流心貞元初擢進士科其後以博學宏詞

就敷過禮敦其未徹復鍾少保府君之艱

自放以為軒冕外物哥是汩吾靈龜不得已

行表授左金吾衛兵曹軍以節废推官從

軍任太尉公之薨介吏劉闢刧兵作逆乘

罪闕就誅戎詔以并給之奥授上将高崇

讓請監支郡會相國武公推轂守藩雅開其

御史九兩知蜀川軍晳績茂著溢於聞聴由

甫歌流品時論多之而遷正郎恪居官業方

館以公歴眼服職官皆振宏躅況兹東土風

卢士玫墓志（局部放大图）

一〇四　李德裕妻徐盼墓志

李德裕撰

隶书

大和三年（829）十二月二十日葬

56×56cm

徐盼，润州丹徒县（今江苏镇江）人，有绝代之姿，十六岁时嫁予中唐著名政治家李德裕为妾，育有二子。大和三年（829）李德裕任义成军节度使时，徐氏终于滑州官舍，时年二十三岁。李德裕亲撰此墓志，以真挚的感情抒发了对徐氏过早离世的郁郁之情，表达了对家人至亲的难舍和依恋。此志书法结体方正，用笔楷隶结合，坚实中有几分疏淡之意。

李德裕妻徐盼墓志（局部放大图）

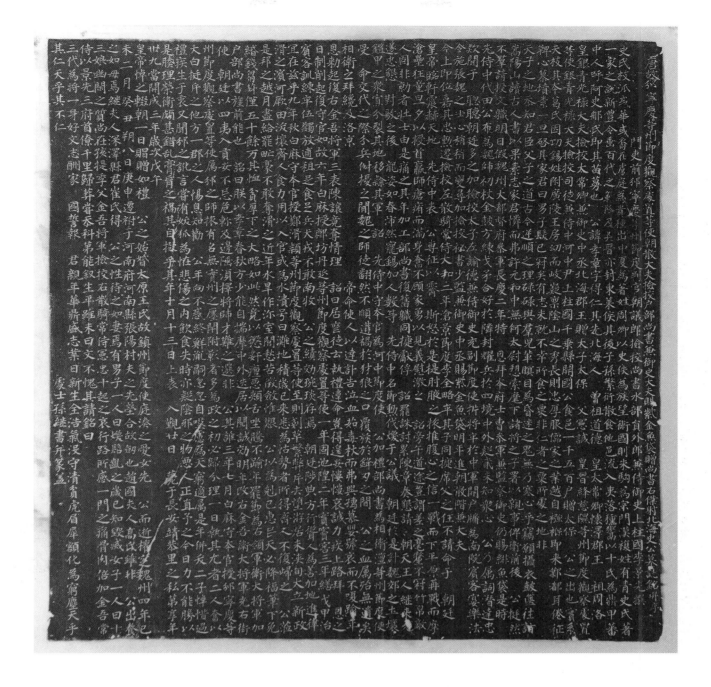

一〇五　史孝章墓志盖

李景先撰文，孙继书并篆盖

楷书

开成四年（839）二月八日葬

志盖篆书"唐故邠宁等节度检校户部尚书兼御史大夫赠尚书右仆射北海史公志铭"

92×92cm

　　史孝章，字得仁。出身突厥贵族，唐朝中期将领，魏博节度使史宪诚长子，在宪宗朝实施削弱藩镇势力、加强朝廷集权的混乱局势下，史孝章明于时势，忠诚朝廷，备极荣宠，开成三年（838）十月卒于长安靖恭里私第。墓志可纠正两《唐书》本传史氏家族背景记载之误。此方墓志的书写者具有高超的书写水平，用笔精到，结构谨严，通篇文字内容洋洋洒洒上千言，自始至终无一懈笔，是当时颜体书风的佳作。志盖篆书风格也以玉箸篆和铁线篆为主。

史孝章墓志并盖（局部放大图）

一〇六 赵宗儒墓志

郑澣撰，郭承嘏书

楷书

大和七年（833）二月二十六日葬

95×95cm

赵宗儒，字秉，天水（今甘肃省天水市）人，唐朝中期宰相，大和六年（832）九月卒于长安靖恭里，春秋八十七。墓志由敢于直言的名宦郑澣撰文，知名书家郭承嘏书丹，详述赵氏生平履历，较两《唐书》本传详尽。书者博采众长，融合初唐诸家书风为一体，达到了相当高的水平，此志为其书艺风采之定格展示。

乘衣法官以大柄授閣林故有廟堂坐鎮環

壽與位偕道與運行焯而見圖諫沛然康濟逯

詞無昜述以簡神明而鋪風烈謨德之閒旨

列甚詳受還於奏降封於代物不終否故至

業道羲錯出征南之以纘屝緒侍中之公望以至景

穹昊冝有達人以父諱驊字雲卿歷元左補中大王父諱譁以至清

史官友善當時勝流以不躋堂室為愧宗之中

名友三賢脂四友父冏之偉價騰詞詞宗大杠

羣賢搜自與天人象緯靡不窮屬以判大弟

從陸渾判入簿等拜右拾遺館充書郎學士以判七

換行之可久俄丁幽陟明人少監府君學法衍窮疑焉

理功事黙恩禮益洽錫銀印降赤軾右庶子原隰

考功事黙幽陟明人用勸懼降右庶成周真

委之下品彙皆適蹟節不渝大宗伯保釐闕阻命

甄之尺付管鑰以撿技妓興井絡因廙就執繫

寄進封天水郡公先是南平編人囡廙就執繫玉帳

輟利病冗食遂減又有親卒帶精甲而環王帳

疏重充滿聞聽又依嶠其平宛已責之盛績人

襃洞啓眾知依嶠其平宛已責之盛績人

門鍵洞啓眾知依嶠其平宛已責之盛績人

赵宗儒墓志（局部放大图）

一○七　杨元卿墓志并盖

裴度撰，权璩书，舒元舆篆盖

楷书

大和八年（834）二月三日葬

志盖篆书"大唐故太子太保杨公墓志铭"

93.5×93.5cm

杨元卿，字正臣，弘农（今河南灵宝）人，原为淮西军将，后归顺朝廷，三任地方节度使，大和七年（833）七月二十八日卒于河南恭安里。撰文者裴度，唐中期名相，此志为目前所知裴度撰写的第一篇墓志铭。书丹者权璩，唐宪宗时名相权德舆之子。此志书法结体和用笔都有一定的特色，体式纵长，重心偏上，再加以用笔上的清劲简洁，平直自然，给人以超然物外、遗世独立的视觉感受。篆盖者舒元舆，元和进士，唐代篆书名家，对玉箸篆颇有研究，深得玉箸篆之神髓，书法水平高超，令人钦佩。

杨元卿墓志盖

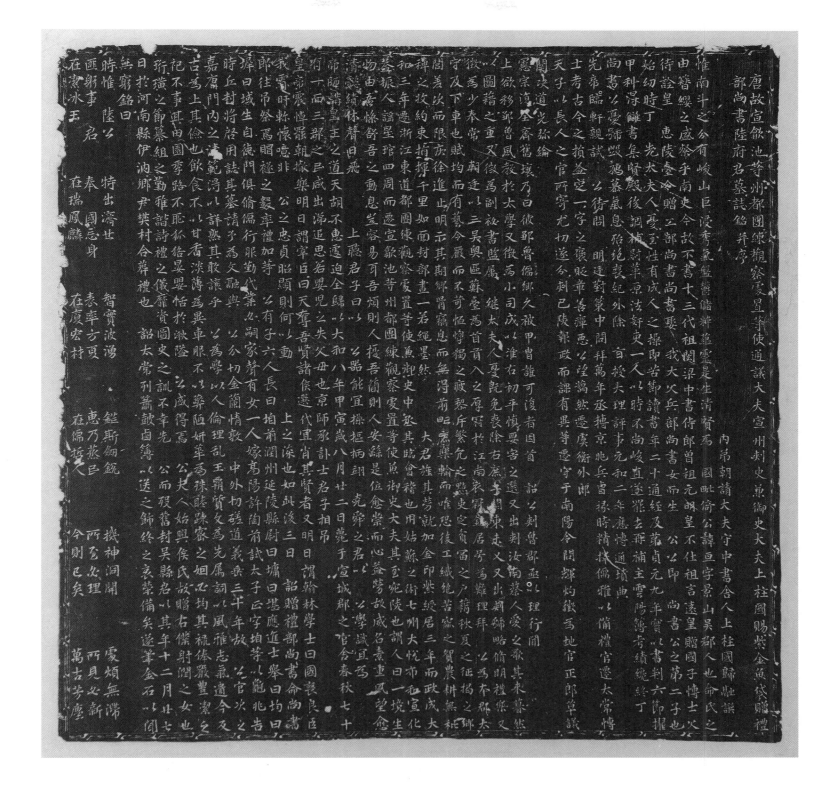

一〇八　陆亘墓志

归融撰

楷书

大和八年（834）十二月二十七日葬

77×77cm

陆亘，字景山，吴郡（今江苏苏州）人，两《唐书》有传。元和二年（807）应制举，授万年县丞，历太常博士，终官宣歙观察使。大和八年（834）八月二十日卒于宣城官舍，春秋七十一，同年十二月合葬于河南县伊汭乡。此墓志书法属行楷风格。其宗法二王，兼融众长，用笔灵动多变，行笔流畅自如，全篇一气呵成，气韵贯通，是一篇赏心悦目的书法佳作。

白彼郡魯儒鄉久被。甲曹誰可復者因首
太學又徵為小司成以淮右初平慎要宮之
副祕書監屬繼太夫人憂兔喪除右庶
以藝令嚴而不苟怍悼獨之疲黎斤繁允之
止三吳興區蘇臺為首貢入之厚冠於江南
有明示其期鄉肎竊息而無淂前昭庶藥翰之
里如面封部畫一若繩墨然大君雄
而遷宣歙池等州都團練觀察處置使焄御史中丞會其疏
都團練觀察處置等使焄御史中丞會其疏
息兮容易可吾煩則人攝吾簡則人安緣是
胡不惠遷思迫全歸之失父母也
上聽君子曰大和八年甲寅歲八月卜士
出涕追謂宰百曰天奪吾賢諸侯選代宜肖其
公之忠貞昭則有子六人長曰坦前潤州高
毅率禮加等服代業公嗣家聲一人嫁中
脩偏行為文融與公切金蘭情敦倫理乱王
以請熟其敢讓乎為學以人倫理乱華為
墓詳熟其敢讓乎為異車服不以弊陋妍華為
不以甘香淡薄為異車服不以弊陋妍華為

陆亘墓志（局部放大图）

一〇九 卢大琰墓志

卢谏卿撰，柳璥书

楷书

大和九年（835）丁酉月葬

70×70cm

卢大琰，字子玉，范阳涿郡（今河北涿州市）人。户部侍郎卢坦之子，卒于大和甲寅岁（834）乙酉月十八日，终年五十。撰志者卢谏卿为志主五从兄。书丹者洛阳县主簿柳璥。此志楷书清劲端谨，颇具"柳体"风姿。柳公权卒于咸通六年（865），柳璥书此志时，柳公权尚在世，故其书法或得柳氏家传。

卢大琰墓志（局部放大图）

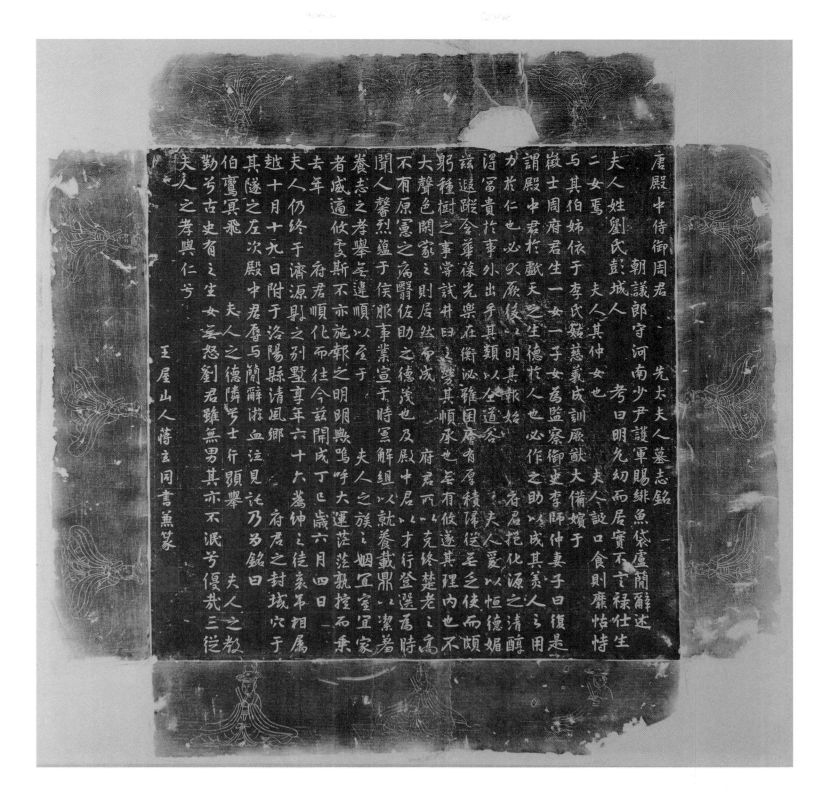

一一〇　周君太夫人刘氏墓志

卢简辞撰，蒋玄同书并篆额

行书

开成二年（837）十月十九日葬

103×103cm

刘夫人，彭城人，唐殿中侍御周复之母。志文由卢简辞撰，简辞字子策，著名诗人卢纶之子。此墓志书法属行楷杂糅风格，整体上疏密有致，生动多姿，书写用笔有脉络可寻，主要取法二王一脉，点画明净，体势平正，唯敛收有余而舒展不足。

周君太夫人刘氏墓志（局部放大图）

一一一 陈专墓志并盖

孟坛撰

楷书

开成四年（839）十月一日葬

志盖篆书"大唐故陈君墓志之铭"

90×90cm

陈专，三十始授县尉，才大而位卑。开成四年（839）七月终于新昌坊私第，春秋四十八，同年十月归葬于河阳。此墓志书法特色鲜明，结体紧密，用笔劲峭，点画欹侧生姿，然缺乏丰润与从容，此亦时代之病，书者多不能免。志盖书法风格介于玉箸篆和铁线篆之间，笔画大体均匀，结构基本协调，但书者对于篆书的掌握尚囿于皮相之间，笔力怯弱，气韵近俗，聊备一格而已。

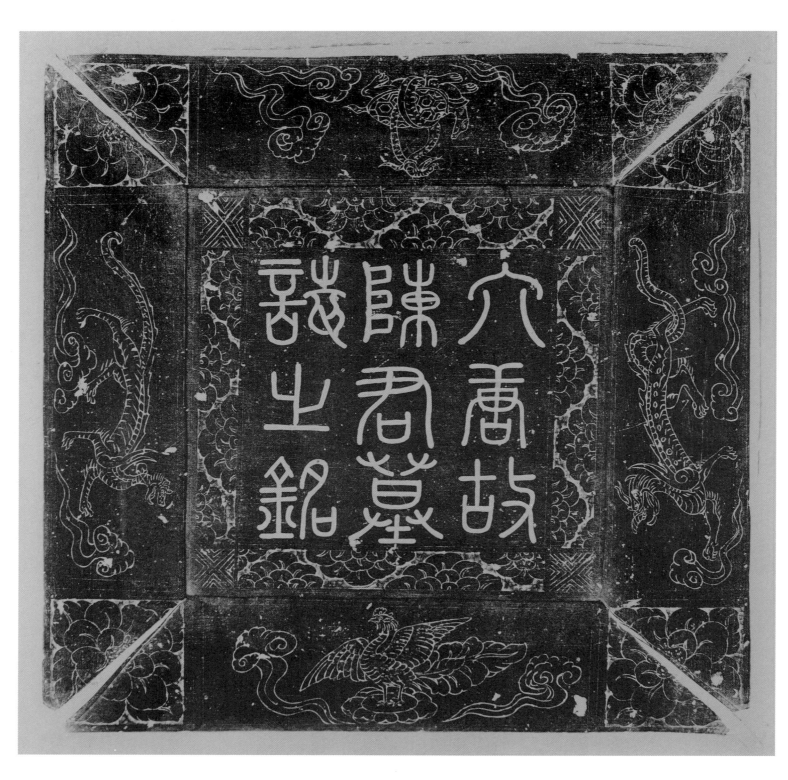

陈专墓志盖

一一二　李逺墓志

李程撰，唐玄度书并篆额，唐玄序摹勒

隶书

开成五年（840）十一月二十四日葬

80×80cm

李逺，字遵之，赵郡（今河北邯郸）人，早年入韩弘麾下，在淮西平乱中立下战功，授国子祭酒、岚州刺史，转代州刺史、右神武大将军等职，开成二年（837）授天德军都防御使。撰志者李程，敬宗时宰相。书丹者唐玄度，文宗朝翰林待诏，长于书法，尤精小学，曾著《十体书》，又奉敕复校字体而纂成《九经字样》，附刻于《开成石经》，今存西安碑林博物馆。其弟唐玄序，亦工书法，善摹勒，相传大和六年（832）所刻《集王羲之书金刚经》即为玄序集字并摹勒上石者，今有拓本传世而藏于上海博物馆。

使兼御史大夫趙郡李府君墓誌銘

左僕射上柱國彭原郡公李瑤考原撰

曾祖積善傳慶其在後昆公則常侍韓

禰遠縣之職因有迹之勞潛以身雄許

從平生公遂感激捐庵羣雄許藏珍

宛若統師討叛淮國于酒嵐州刺史剌

韓乃加慰薦遂授陳復為代州刺史遷

觀愛其杼邊累陳不開居之四載州刺

甚振卹統典屬國即叙者咸遵稟其

授鴻臚卿統典屬國令我索各得稟英

職四歲北陸晏然軍令我索各得其英傑五

不惠變我英傑五年夏四月廿日薨

李逺墓志（局部放大图）

一一三　陈君赏墓志

崔黯撰，裴恽书，陈辽撰盖

楷书

会昌二年（842）十月三十日葬

93×93cm

陈君赏，出身武将世家，在河朔兵乱、甘露之变中多有战功。该墓志书法章法疏朗，气息通畅，用笔点画精到，结体安稳，这一类风格的墓志书法在晚唐较为流行，总体上因谨慎拘谨而不免失于平淡。

益城開田回百項復進三千
擊鼓角馬嘶近郊散震遠沙
朝堂十二月十二日復有訛
門者皆上關獨丹鳳建福諸
有此吾為若相之汝弟觀吾
下示故諸門不閉項果無事
三年倉實府兒士樂民泰性
人授節梓潼者給事中封
河南旱蝗命使巡問使返
姓安即亭雖儉其吏有禮與
前論者始訕上示知之
廷臣復議請用遂拜其軍節

陈君赏墓志（局部放大图）

一一四 崔垍墓志

崔镒撰

楷书

会昌四年（844）六月十五日葬

53×53cm

崔垍，字黄中，清河武城（今河北清河县）人。历金吾卫曹参军洛阳县尉河南县丞伊阙县令。会昌四年（844）终于长安靖恭里，享年五十四，同年六月葬于偃师县亳邑乡。此墓志刊刻于会昌年间，此时柳公权书法正笼罩书坛，书家大多受其熏染，此书作者亦未能例外，但仔细品察，此志书法尚有自己特色，用笔劲健而不刻板，结体宽和而正奇相生，多有可观之处。

崔垍墓志（局部放大图）

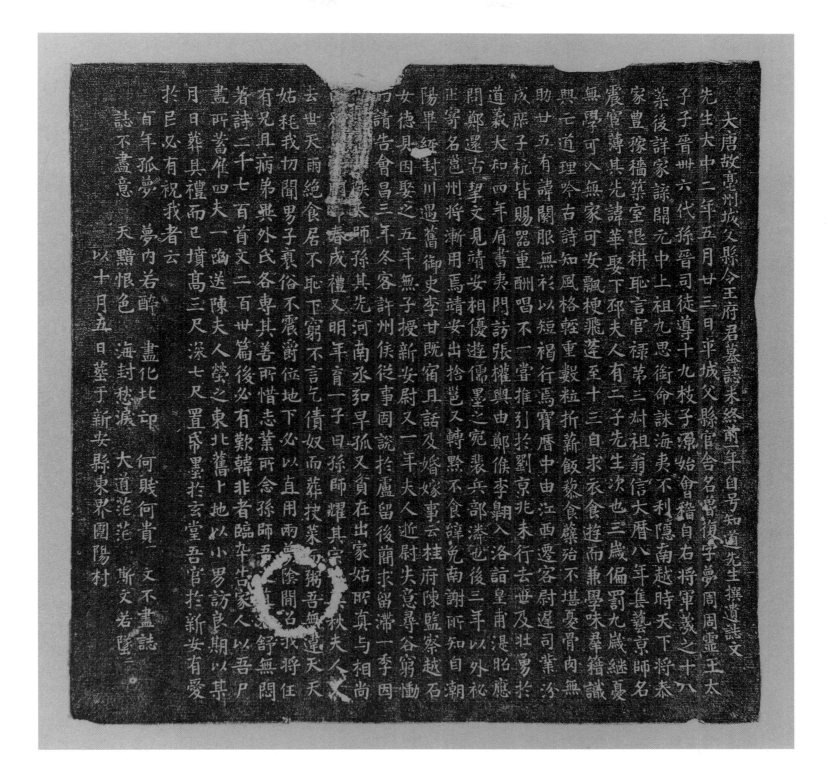

一一五 王鲁复墓志

楷书

大中二年（848）十月五日葬

40×40cm

王鲁复，字梦周，王羲之第十八代孙，晚唐诗人。曾任新安尉，生平著诗二千七百首，文二百三十篇，大中二年（848）五月二十三日卒于城父县（今安徽省亳州市谯城区城父镇）官舍，同年葬于新安县。该墓志为王鲁复生前自撰，与同为洛阳地区出土的刘复墓志、卢载墓志均为难得一见的诗人自撰志。此志书法属于欧体范畴，笔画稍拘谨，但结体平正，点画间自有风致。

日

導十九枚子源始會稽自右將軍義之

九思衔命誅海夷不利隱南越時天下

官祿弟三州祖翁信大曆八年集京

夫人有二子先生次也三歲偏學味羣

飛蓬至十三自求衣食遊而兼學九歲

輕重穀粒折薪飯藜食藥始不堪憂骨

短褐行焉寶曆中由江西遷客尉遲司

不一嘗推引於劉京兆入洛詣皇甫湜

訪張權與由鄭俟李嗣淶也後三年

優遊儒墨之宛黔不食辭免後謝所知

安既出捨邑又轉婚嫁事云桂府陳監察

甘新宿且話及夫人逝尉失意尋谷

授新安尉又一年夫人逝後蕑求留滯一

州侯從事固說於盧留後蕑求留滯一

王鲁复墓志（局部放大图）

一一六　崔郸墓志

令狐绹撰，郑泊书

楷书

大中四年（850）十一月十六日葬

112×111cm

崔郸，字晋封，出身清河大族。贞元十九年（803）中进士第，历任要职，并在文宗、武宗时期出任宰相，后任剑南西川节度使、淮南节度使，大中四年（850）七月二十一日卒于任。撰志者令狐绹，为唐宣宗时期宰相，与崔郸有师生之谊。书丹者郑泊，唐后期著名文士，其书法风格明显脱胎于早期柳书如《金刚经》等，只是用笔更显瘦劲硬直，结体上也显得有些拘谨，缺少柳书的丰润疏朗，但在书法每况愈下的晚唐，郑泊也应有其一席之地。

復無禮部尚書依前平章中書修史用道德以佐
羊孤遠必親之戚下肖而憑勢者不之顧也每與同　公
南西川節度使撿校吏部尚書平章事太皆惜其
多命行之時李寧相德裕方固權稔姦憚　公
見緒百姓至有破業以供賦者　公乃上請更
於巠祝廣置淫祠竊胒之權傾蜀奔多因而有
公之政矣終始六年人人安業黑表請　觀以右
前後師或剛柔失中則紀律不明　公至止大
為供使者一切斥而還官縣是大治五方之人來
淮達海若喪怙恃享壽七十有一　夫人范陽
而又有大成之器任左拾遺一女適范陽盧溜不
惟粵以其年十一月十六日歸于河南府偃師縣
常儆悋妠奉大祭末始忭物曾無諂笑自被褐造
拯救蒸黎為務無柱費無賄交文擅國華行冠人
名卿多歷顯位号文學之藪摽龍虎之望一掌貢
百祿今第翠　公皆得之宜于武絢實不俊早獲及
徽懿令第翠　公之大節其詳當傳於國史代
公稟靈氣受天正命為時而出與物為鏡濟
趣討謨彝倫光叙辣俗式孑霖雨正斟渥洽逾厚
儀形方叔元考又其煩專征又新彼度程量
奄茲邦瘁喪我．國禎于啑琭石永識佳城

崔郸墓志（局部放大图）

一一七　卢重墓志

李敞撰，李发书并篆盖

楷书

大中十四年（860）八月二十五日葬

57×56.5cm

卢重，字子威，涿郡范阳（今河北涿州市）人。大中十四年（860）八月归
祔于偃师。此墓志书法矜持有度，不敢有稍许放纵之意，用笔峭拔，点画平正含
蓄，筋骨清和，体正貌端，颇有君子之风。

盧君諱重字子威其先涿郡范陽人也
東都留守西川採訪使髙祖巨源顯考
珩岳州昌江令大父舒太子校書諱玄考
西李氏君夫人其先利州刺史諱玄以列
兆尹湖南觀察使君則鳳州第二子娶撿校左列君先
君則鳳州第二子娶撿校左
二女曰邵曰蜀幼而明慧
烈考寧劉河東遂攝厝于河中府獪氏
歸祔偃師石橋大塋君令弟
殯護喪歸于石橋亦祔于大塋君先塋
不俟一二言也君八歲入小學嗜學
其年以明經異名主司無不該覽君之
雪超邁前賢六藉子史鴻軒鳳舉邈與世
散阮步兵之韻意其鴻軒鳳舉邈與世
謝之風由是親朋器重之老萊子也公閨門雍睦
承順顏色令之老萊子也公閨門雍睦
寶蘭芳玉閨賓族傾慕歎詠之不足以

卢重墓志（局部放大图）

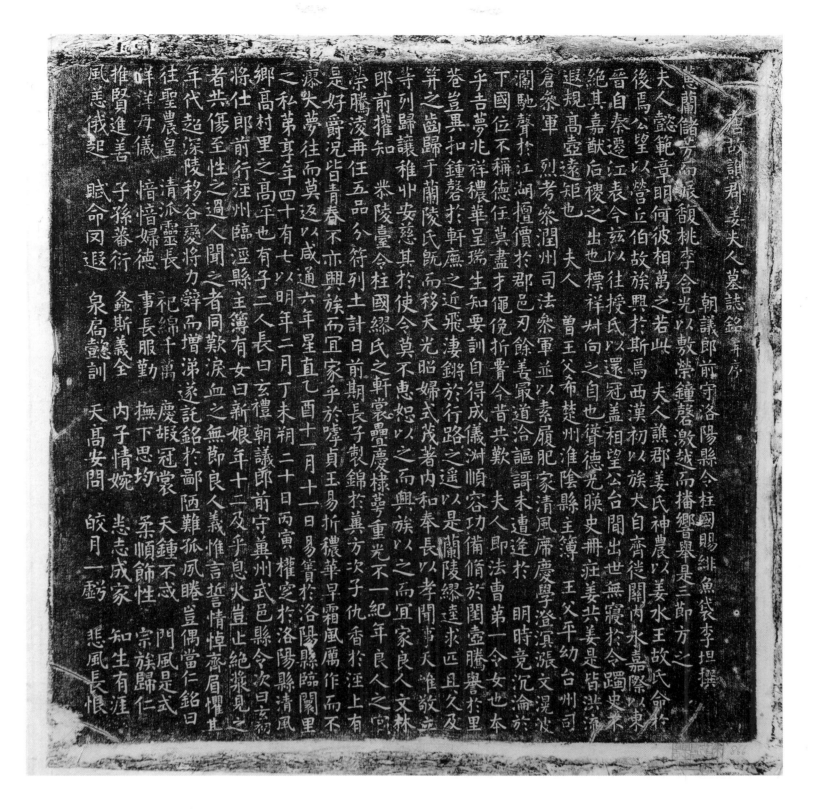

一一八　缪逷妻姜氏墓志

李坦撰

楷书

咸通七年（866）二月二十日葬

49×49cm

姜氏，谯郡人。咸通六年（865）十一月卒于洛阳，春秋四十七，明年葬于洛阳县清风乡。此墓志属晚唐作品，其时柳公权书法风靡一时，这方墓志的书写者明显受到柳氏书法的影响，用笔劲挺有力，结体方正而略呈纵势，具有鲜明的时代特征。

缪逵妻姜氏墓志（局部放大图）

一一九　李当墓志并盖

李昭撰，李藻书，李诲题讳，崔循撰盖

楷书

乾符五年（878）十月十八日葬

志盖篆书"唐故刑部尚书姑臧李公墓铭

91×90cm

李当，字子仁，陇西狄道（今甘肃省临洮县）人，中唐著名边塞诗人李益之子。官至刑部尚书，乾符四年（877）五月卒，享年七十九，次年合祔于偃师亳邑乡北原。墓志提供了李当籍贯家世、生平经历、诗文著述等重要资料，所载牛李党争的人事关系，对于唐代科举史和政治史研究具有重要作用。此志书法从柳公权出，不过在章法上更能体现出茂密之美，不失为一方优秀的墓志书法佳作。

李当墓志盖

一二○　支谟墓志

房凝撰

楷书

广明元年（880）七月十五日葬

101×102cm

支谟，字子玄，其先源于西域月氏国。官至大同军使，乾符六年（879）十二月卒，享年五十一，次年葬于河南杜翟村。此志书法平正茂密，字里行间时见欧、颜、柳之痕迹，尚有几分大唐的自信和气度，是已知洛阳出土墓志字数最多、字体特小的一件。

支谟墓志（局部放大图）

附　　录

从洛阳出土墓志看北魏书法的
内在审美观念

顾　涛[*]

　　观念是决定事物发展的深层原因，书法的发展也不例外。北魏是我国书法发展的一个重要时期，要正确和深入认识这个阶段的书法艺术，就必须把握住它的内在审美观念。虽然晚清碑学兴起后，人们发现了北魏书法独特的艺术价值，对其书法风格特征有不少论述，康有为《广艺舟双楫》可为代表，但囿于各种原因，对其深层的内在美学观念则很少有人深入考究，当然最大难题就是几乎没有当时留下的书论方面的专门著作可以参考，仅见的北魏江式《论书表》一文也没有对当时的书法观念作出论评。而同时期的南朝和后世各个朝代，则有许多时人的书法理论文献给后人提供研究的便利。所以，只有从其他形式的历史文献（如史书、书法文物本身）来旁证和透视北魏书法的内在美学观念。从实物来看，墓志是北魏遗留下来的最丰富的石质的书法"历史文献"，远远多于其他碑刻和墨迹，它给我们提供了一个独特的研究路径，通过对数量众多的北魏墓志的多维考

　　* 顾涛，美术学博士，洛阳师范学院美术学院副教授。

察，对其书法风格和其背后的深层美学观念我们将会有比较清晰的认识。

北魏墓志的风格类型不同，它们的审美观念和书法追求当然也有不同。但是从整个北魏墓志来看，它们的时代意识和审美观念大致是相同的，共性大于个性，其书法内在美学观念的一致性，主要体现在以下几个方面。

一　重"势"的观念

北魏书法重"势"的观念与民族和文化的起源有关。北魏崛起于北地贺兰山一带，后来长期在山脉环绕的平城一带发展，民族意识中有浓厚的山岳崇拜，山岳的险峻、雄厚之"势"成为北魏审美的原始来源，比如许多墓志的铭文起始句都是"崇基岳峻，遥绪渊深""天地发祥，川岳降祉""体灵川岳，质备珪璋"这样的句子，明显表现出北方民族对山岳的崇拜，山岳的体态和形势成为他们审美比照的对象，这种心理长期积淀就形成对雄峻之势的推崇，从而体现在书法艺术上。从北魏当时的论著中，发现"势"字的使用也比较频繁，如《魏书》《水经注》中，"情势""势家""山势""水势""地势"等字眼随处可见，可见"势"是北魏人观察自然、描述事物、表达感情的一个主要审美概念。

以北魏墓志为例。我们可以直观地看到其书法之"势"的体现，特别是前期"斜划紧结""方峻雄强"一类的墓志最为明显。以《元桢墓志》《任城王妃李氏墓志》《穆亮墓志》《封昕墓志》《赵充华墓志》《元显儁墓志》等为例，其"势"主要体现在以下几方面："撇捺"的笔画开张舒展，如鸟之双翼，有凌空飞动之势；横竖的笔画上，横画一般向右上倾斜，竖画方峻挺直，有百折不回、所向披靡之势。点画和钩趯，往往呈锐利的斜三角形，转折处也斜角直切，有锋芒毕露和摄人心魄之势。尤其是字体结构向右上角倾斜的体"势"，使人感受到其动感强烈，生命力旺盛，既充满秩序和理性，又充满桀骜不驯的自信和力量。陈振濂先生在对《元显儁墓志》的分析中就这样指出："《元显儁墓志》书法是纯熟的北碑书风，点画犀利、斩钉截铁，结构取斜势，看得出十分注重中宫紧缩而扩展某些长线条以造成疏密对比，而转折之处，具有明显的方笔趣味，露出圭角，以斜取正，在静止的形态中反映出内在的运动冲击之势。毫无疑问，在方笔折冲一路北碑中，这种锐笔斜取势的风格十分常见，但在形制本来较为狭小的墓志中，能在纤芥之际反映出明确的折冲意识，并保持锐势不减，确是不太容易的。《元显儁墓志》以小见大，在方寸之间给我们提供了一种大开大阖、折冲纵横的雄强之美。"①

---

① 陈振濂：《品味经典》（魏晋书法卷），浙江古籍出版社 2006 年版，第 48 页。

同时，北魏书法重"势"的特征也是一种传统的赓续。我们知道，汉魏至西晋的书法都强调"势"，从蔡邕的《九势》到卫恒的《四体书势》，都明确地把"势"视为书法艺术的核心。蔡邕在《九势》中明确指出："夫书肇于自然，自然既立，阴阳生焉；阴阳既生，形势出矣。藏头护尾，力在字中，下笔用力，肌肤之丽，故曰：势来不可止，势去不可遏。"这段话明确地指出了书法的产生符合阴阳变化的规律，而"势"是其变化的直接体现，通过"势"我们才能真正理解和体察到书法的本质，即书法是动态的，是不断变化的，它的线条和空间结构不仅具有自身生命律动，而且能够抒发作者的意志和情感。因此，我们说，这种"势"既是视觉的，又是心理的，是书法富有生命力的根本所在。《魏书》很少对当时书家的书艺进行深入评价，只是用"工书""擅草隶"这样简单的字眼来记载。崔、卢两大家族的书法在当时独领风骚，对崔浩的记载是唯一最详细的，称"浩书体势及其先人，而巧妙不如也，世宝其迹，多裁割缀连，以为摹楷"①。这不长的评价中就用了"体势"一词，可见北魏书法直接继承汉晋重"势"的观念，引领北魏书风的崔氏书法以"势"见长也是情理中事。从以上论述可知，北魏墓志书法重势的观念应该是传统、时代和民族意识共同作用的结果。

二 重"气""力"的观念

"气"是中国文化的重要范畴。在传统哲学中，认为"气"与生命就是紧密相连的。包括人在内，万物得气而生。《庄子·知北游》云："人之生，气之聚也。聚则为生，散则为死。"《孟子·公孙丑上》也有言："夫志，气之帅也；气，体之充也。"这种"气生万物"的思想后来又推演到文艺领域，建安时期曹丕在《典论·论文》中提出"文以气为主"，刘勰《文心雕龙·时序》也论述说："观其时文，雅好慷慨，良由乱离，风衰俗怨，并志深而笔长，故慷慨而多气也。"这些关于"气"的思想是一脉相承的，从宇宙万物、人物品评再到诗赋作文和书画艺术，"气"论成为中国文化和审美的核心价值观。

汉魏以降，"气"的思想已经成为华夏文化的审美坐标，在汉化较深的北魏人心中"气"无疑也是重要的美学观念。特别是魏晋实行九品中正制，"气"就成为衡量人物的主要因素。看北魏墓志，我们就发现其中评价志主多用"气"来赞美，如《元广墓志》："禀韶端之逸气，伟荆严之秀质"；《元珍墓志》："烈气凌霜"；《王桢墓志》："气耸烟霞，情明冰雪"等。《魏书》中对人的品评同样以

---

① 《魏书·崔浩传》。

"气"为准,如秦明王翰,"少有高气",其子觚,"勇略有胆气"。封懿,"俊伟有才气";谷浑,"少有父风,任侠好气";杨大眼,"少有胆气","有三子,气干咸有父风",等等,不胜枚举。

不仅从墓志内容上看,"气"成为北魏社会普遍的审美规范,对于墓志书法来说,自然也以其为圭臬。墓志书法的书写之"气"表现在以下几个方面。首先,从整篇的章法上看,前后贯气。朱和羹《临池心解》中曾言"作书贵一气贯注"①,可见"气"对于书法的重要性。北魏墓志一般几百字,长则上千字,这样多的内容一气贯注,前后如一,无有松懈之感,这是气足力厚的原因。其次,从纵横的行气看,上下左右通"气"。北魏墓志一般纵有列、横有行,行列之间气息通达,给人以空灵舒畅之感。这是多数墓志虽然文字较多却并不让人感到拥塞的重要原因。再次,"气"是北魏墓志书法"力"厚的基础。北魏人气盛,所以书法也见神采有力。心中有"气",笔下生"力",两者相辅相成,内在的"气"和外在的"力"相一致,从而成就了北魏书法的方劲挺拔与厚重雄健。姚孟起《字学忆参》称"气盛,则言之短长,声之高下皆宜。书亦如之"。② 以北魏墓志验之,其言不虚。气和力两个字是自然而然地连在一起的。气和力体现出北魏书法刚健之美和充满生命力的奔腾活跃的郁勃之气。

考察北魏时期墓志书法,我们发现与"气""力"相关的"挺"字也是当时的一个常用审美概念,是书法艺术的重要价值目标。仅看《鸳鸯七志斋藏石》所录墓志,就会发现碑文中"挺"字也俯拾即是,如《元璨墓志》中"少挺珪璋,岐嶷聪峻",《元信墓志》中"令质挺生,雅怀严净",《散骑侍郎元举墓志》中"禀山川于气象,戴日月而挺生","怀风白雪,气挺春温",《于纂墓志》中"衡岳奚殖,挺兹松桂",《元诱墓志》中"结庆挺生,含章卓出",《檀宾墓志》中"自非雄明挺秀,无以委居边捍"这样的文句层见叠出。而且,"挺"的这种审美取向,不仅仅表现在观念上,从墓志书法来看,更重要的体现在书写本身。通过碑文我们再观察墓志书法,会清晰地看到"气""力""挺"三者是完美地结合在一起的,自然事物的规律就是无"气"无"力"则软,有"气"有"力"方"挺"。以元氏墓志为例,如《元桢墓志》《元简墓志》《元绪墓志》等,其笔画的基本特征就是气足、力厚、挺拔。尤其是早期洛阳北魏墓志书体多呈纵势,和横势的字相比,纵势就需要更多的"挺拔"和力度,没有了力度和"挺拔",就

---

① 朱和羹:《临池心解》,见王伯敏等主编《书学集成》(清代卷),河北美术出版社2002年版,第493页。

② 《明清书法论文选》,上海书店出版社1994年版,第910页。

无法撑起这种从隶书的横势向纵势的转化，这是崇尚"动势"和"挺拔"的时代审美意识的印证。可以说，"挺"是"气"和"力"的外在形象，是"气"和"力"的具体表现。

三　重方正典雅的观念

自西汉儒学定为一尊后，儒家文化的正统思想及礼仪制度就成为汉民族的主要文化标志。降及魏晋，儒家崇尚方正典雅的美学观念已经非常牢固。从东汉《熹平石经》到曹魏《三体石经》再到西晋《皇帝三临辟雍碑》，我们就能看出这种观念在碑铭上已有充分的体现。北魏建国伊始，已受汉文化陶染，随着国力强盛，北方半壁河山为其所统一，就逐渐接受了汉文化的正统观念。他们以承继汉族政权自视，力争华夏正统。《魏书》开篇有一段话很能说明北魏的正统观念：昔黄帝有子二十五人，或内列诸华，或外分荒服，昌意少子，受封北土，国有大鲜卑山，因以为号。……黄帝以土德王，北俗谓土为托，谓后为跋，故以为氏。①这段话是为北魏"正本清源"，认为拓跋氏和中原汉族一样是黄帝的正嫡。

由于北魏推崇儒学，重视礼仪，方正典雅的儒家规范成为时人的普遍追求。"雅""方""正"等字眼频见于史书。如《显祖纪》云："帝雅薄时务，常有遗世之心。"②《高祖纪》云："雅好诗书，手不释卷。五经之义，览之便讲……太和十年已后诏册，皆帝之文也。……帝之雅志，皆此类也。""太和十一年春正月，诏定乐章，非雅者除之。"③《世宗纪》云：帝"雅性俭素"，"雅爱经史，尤长释氏之义。每至讲论，连夜忘疲"。④ 这些记载已显见时人对于方正典雅观念的推崇。史书记载的北魏书家不多，涉及书法评价的也多语焉不详，但从简单的论述中我们也可以看到方正典雅的审美观念对书家也深有影响。如记载王由"好学，有文才，尤善草隶。性方厚，有名士之风"。李苗"少有节操，志尚功名"。"尺牍之敏，当世罕及。"夏侯道迁，"少有志操，……历览书史，闲习尺牍，札翰往还，甚有意理"。曹世表，"举止有礼度，性雅正，工尺牍，涉猎群书"。从这些记载中我们可以推断，这些饱读儒家经典的"性雅正"的书家，他们的书法观念也应该是雅正的。

北魏书家的方正典雅的观念，在墓志上体现在以下几个方面：

---

① 见《魏书·序纪》，中华书局 2000 年版，第 1 页。《资治通鉴》卷 141 也有类似记载。
② 《魏书·显祖纪》，中华书局 2000 年版，第 89 页。
③ 《魏书·高祖纪》，中华书局 2000 年版，第 126 页。
④ 《魏书·世宗纪》，中华书局 2000 年版，第 145 页。

第一，体现在形制上。北魏墓志一般为方正形制，这种方正的形制是经过了几百年的演变才逐渐形成的。汉碑到晋代墓志还基本以长方的碑形为主，碑的上部一般是圆首或尖首，《张永昌墓碑》和《夫人天水赵氏墓碑》都是尖首碑形，而如《菅氏夫人墓碑》是圆首碑形，碑额题在圆首部分，而到了北魏早期平城时代，形制上还是与晋代一致，如《司马金龙墓表》《元淑墓志》，还是圆首碑形，碑额也是题在圆首部分，碑额和正文还没有分开。而到了洛阳时期，由于方正典雅观念的影响，墓志的形制就逐渐变成了正方形的形制，碑额和正文也分成两块，从而出现了墓志盖，这种形制长期固定下来，一直延续到明清以后。可见，方正典雅的观念在北魏是深入人心的主流审美取向。另外，这种形制上的方正，可能还与当时纸张的制作有关。从古代的甲骨文开始，历经钟鼎汉简，书写形式一直都没有固定的格式，汉碑已有方正的概念，但我们见到的汉碑还多带圆首，汉简则更加随意，长短不齐，时有弯曲。到晋代纸张的形制基本以方正为主，从出土的魏晋残纸《李柏文书》和流传的《平复帖》等，可见当时日常使用的纸张其形制多是正方形或近似于正方形的长方形。① 魏晋以后的书写以纸张为主，而纸张多取方正形状，或正方，或长方。方正的纸张和书写习惯可能也影响了墓志的书写和形制。

第二，体现在文字演变和书写上。从汉魏以降，书写的正统观确立，标准的字体首先为政府使用，每个时期都有官方的标准，如汉隶，如晋隶，如魏楷，等等，而且字体越来越趋向于方正典雅。楷书到北魏成为官方的文字选择，因为它最符合方正典雅这一标准。西晋时，钟繇和胡昭是当时官方书法的代表人物，他们的书法是士人取法对象。《三国志·胡昭传》称"胡昭善史书，与钟繇、邯郸淳、卫觊、韦诞并有名，尺牍之迹，动见楷模焉"。② 同样，锺繇也是当时的书法楷模，"钟有三体，一曰铭石之书，最妙者也；二曰章程书，传秘书，教小学者也；三曰行狎书，相闻者也。三法皆世人所善"。③ 从汉隶、"铭石之书""章程书"到北魏楷书，这大致是一条楷书的形成道路，"楷书的成立使篆、隶书的长结构与扁结构得到了一种中和。连外观形态上也是方——正方形的空间意识，再加上每一个正方形中所包括的横、竖、撇（左侧）、捺（右侧）等等点画线条的各占其位，使楷书成为真正意义上的造型"。④ 可见，北魏楷书的形成是汉魏以来

---

① 晋代傅咸《纸赋》和南朝梁萧绎《咏纸》都提到纸的"方正"。
② 《三国志·胡昭传》，中华书局 2000 年版，第 272 页。
③ 《法书要录》，人民美术出版社 1982 年版，第 12 页。
④ 陈振濂：《书法美学》，山东人民出版社 2006 年版，第 101 页。

正统观念演化的结果和体现。

具体到北魏墓志的发展，也能清晰地证明楷书的典雅化道路是发展的。从《孙恪墓铭》《司马金龙墓铭》到《吊比干墓文》《元桢墓志》再到《元略墓志》《崔敬邕墓志》，我们能够看出楷书在北魏逐渐成熟的过程中，不仅从隶书的横扁造型向方正的造型转化，而且文字书写也逐渐典雅规范，书写风格从早期的朴拙方峻向成熟的圆融遒美转化。

第三，体现在界格上。阮元曾说："短笺长卷，意态挥洒，则帖擅其长；界格方严，法书深刻，则碑据其胜。"① 界格是北魏墓志方正典雅观念的一个反映。有了界格，书写自然严肃庄重，字体大小不会差别太远，界格犹如潜在的一个规矩在暗示和引导着书写的端庄严谨。方正的界格，在北魏之前的碑铭上不常见到②，北魏平城时期的墓志出现界格，但有的只有纵格线而没有横格线，如《孙恪墓铭》《钦文姬辰墓铭》，而《元淑墓志》有横格线和纵格线，但碑额的界格和正文的界格大小不同。到洛阳时期，从最早的《元桢墓志》开始，墓志一般都有纵横界格线，而且一块墓志上的界格大小一致，也基本都是正方形，字一般处于界格的中央。可以看出，方正的界格，规范着书写者的字体不能太长或太扁，不能随意出格，而是要以方方正正的字形为准。所以，界格虽是小问题，但它昭示了书法审美意识的转变。

四　重质尚文的观念

由于直接受到汉代书法的影响，北魏前期墓志书法重"质"，主要体现在方笔用笔、骨力雄强、厚重朴质等方面，随着南北方书法的交流和北魏汉化程度的提高，北魏的审美观念有一个发展演变的轨迹，就是从以质为主到质文并重。首先，"质"的观念在北魏一直是其美学的重要范畴，在当时品评人才的用语当中，"质"字常常用来赞美人的内在的美好品质，如《元广墓志》："禀龆龀之逸气，伟荆严之秀质。六德含和，柔刚两兼。"《元简墓志》："资造流仁，澄神守质。"《元珍墓志》："容止充德，质不妄誉。"《元平墓志》："禀质殊英。"《元灵曜墓志》："容颜优裕，早负出群之才，风则韶绮，幼挺不羁之质。"《元秀墓志》："幼挺芳质，凤表奇征。"这样的例子很多。重"质"的审美思想必然影响到书法，而从书写上看，北魏墓志书法的"质"表现得淋漓尽致，刘熙载云"北碑以骨胜"③，

---

① 《历代书法论文选》，上海书画出版社 2014 年版，第 637 页。
② 碑铭何时出现界格线还需要考证。
③ 《书概评注》，上海书画出版社 2007 年版，第 85 页。

李瑞清言"用笔坚实可屈铁"①，等等，实际都是指北碑的"质"。如上面提到的《元广墓志》《元简墓志》《元珍墓志》《元平墓志》《元灵曜墓志》等，虽不如《元桢墓志》那样知名，但笔画皆挺拔有力，质朴厚重。

孝文帝改制之后的墓志，质文并重的书法审美取向也是很明显的，"文"的意味开始逐渐突出，这与当时汉化速度的加快、南北方文化的交流等有密切关系。《任城王妃李氏墓志》只比《元桢墓志》和《元简墓志》晚了几年，其方笔就大大减少，笔画变得文雅温婉，只有在钩趯和转折处还偶有方笔。自《李蕤墓志》《元嵩墓志》《王普贤墓志》《元广墓志》《元焕墓志》等直至《宁朔将军元举墓志》《元略墓志》时期，整个的趋势就是"文"的韵味在不断增加，早期的方峻直切的用笔这时已基本不见了，南北方书法的合流成为时代的趋势。像《刁遵》《崔敬邕》《张黑女》等著名北魏墓志，也都是质文并重的典范，它们和洛阳出土的大量墓志证明了北魏书法从"以质为主"到"质文并重"的发展轨迹。

从以质为主到质文并重的变化，体现了北魏审美观念的转变是符合文化的历史发展规律的，正是这种转变才使北魏书法后期呈现了丰富多彩、美不胜收的面貌。当然，虽然北魏书法在洛阳时期的趋势是质文并重，但由于北方文化的天然特性和汉化程度的不足，对"质"的强调和表现一直都是北魏书法的主要特征。

从书法史的发展来看，北魏书法是一个重要而丰富的艺术宝库，认识它的内在审美观念将有助于我们更深刻、更全面地梳理和透视这个时期书法的发展轨迹和独特价值，有助于继承和弘扬包括书法在内的传统民族文化。而通过墓志这种特殊的载体，我们也将体会到书法与各种文化之间的相生相伴的复杂关系。

---

① 《明清书法论文选》，第 1089 页。

洛阳出土墓志对中国书法
传承的积极影响

杨庆兴*

　　洛阳是我国古代墓志产生、发展和完善的重要区域，其城北邙山"土厚水低"，适宜殡葬，历来有"生在苏杭，死葬北邙"之说；其城南的龙门山、万安山也是亘古知名、竞相入瘗的风水好地。历代皇族贵戚，巨贾显贵、仕宦僧侣等皆视洛阳为风水宝地，也是平民百姓竞相入窆的理想场所。所以，洛阳出土墓志数量多，堪居全国之首，在已显世的近万方墓志中，洛阳占六成左右；品类全，上至王公大臣、达官显贵，下至处士宫娥、平民百姓应有尽有；历时长，汉魏以迄清末民初，历代绵延不绝，层出不穷；史料丰富，书法艺术信息保存完好，既有历代主流书风的庄重典雅，又有民间书手的恣情率意。洛阳出土墓志的书法价值与史料价值相生相伴、融合渗透，对于中国书法的传承有着深远而积极的影响。

一　增添范本珍品

　　中国书法之所以能代相传承，绵延不绝，除了师徒亲授之外，最根本的原因还是得益于经典范本的发现与传播。范本之于书法的重要性犹如事物的母体，母体之下，方可诞生风格各异的新个体，进而丰富和完善中国书法传承的新体异态。当年，"楷书之祖"钟繇为得到自己心仪的笔法，曾不顾身份地位，干出"盗墓"之事。钟繇"少随刘胜入抱犊山，学书三年，遂与魏太祖、邯郸淳、韦诞等议用笔。繇乃问蔡伯喈笔法于韦诞，诞惜不与。乃自捶胸呕血。太祖以五灵丹救之，得活。及诞死，繇令人盗掘其墓，遂得之。由是繇笔更妙"。① "由是繇笔更妙"点出了书法范本的重要。同样，历代致力于开宗立派的书法大家，无一不重视范本的挑选与研读，这可从"欧阳询驻马观碑"之事中领略一二。"率更（欧阳询）尝出行，见古碑索靖所书，驻马观之，良久而去。数步，复下马伫立。疲者布毯

---

　　* 杨庆兴，洛阳师范学院美术学院副院长、教授。
　　① （宋）李昉等编：《太平广记》卷二百六·书一，第948页；卷二百八·书三，第1343页。

坐观，因宿其傍，三日而后去。"① 不管是传播水平有限的古代，还是传播科技高度发达的今天，优良范本都是书法传承的前提条件。但历代书法典籍、法帖、墨迹，皆因"寿纸不过千年，载籍又多舛改"，加之几经翻拓，不仅史料失实，且书体多失原貌。而墓志不仅"托坚贞之石质，永垂昭于后世"，且绝大多数深藏地下免遭乱世之毁、风雨之浸，琬琰之质可逾千年而不损，所以从某种意义上讲，墓志更能真切地反映书体原貌、书体演进和书风演变，是不失真、不变味的第一手资料。

洛阳出土的许多墓志，一经面世，便成为书法临摹的珍本，尤以北魏元氏墓志为著，如《元怀墓志》《元桢墓志》《元晖墓志》《元显儁墓志》《元略墓志》《元怿墓志》《元瑛墓志》等，是后人学习魏碑书法的难得范本，也是后人了解魏碑、了解北朝书风演变的重要资料。北魏墓志体兼隶楷，书融南北，风格独特，是北朝书风的典型代表，被称为"魏碑体""北魏洛阳体"等。清代"碑学"兴起之后，就打破了"帖学"一统天下的局面，出现"碑学""帖学"先分庭抗礼、后相互融合的局面。康有为曾赞"魏碑"曰："长短大小，各因其体；分行布白，自妙其致。寓变化于整齐之中，藏奇崛于方平之内，皆极精采。"② 陈振濂先生评价《元显俊墓志》时说："书法是纯熟的北碑书风，点画犀利、斩钉截铁，结构取斜势，看得出十分注重中宫紧缩而扩展某些长线条以造成疏密对比，而转折之处，具有明显的方笔趣味，露出圭角，以斜带正，在静止的形态中反映出内在的运动冲击之势……在方寸之间给我们提供了一种大开大阖、折冲纵横的雄强之美。"③ 对魏碑的追摹，康有为给我们描写了一种盛况："迄于咸、同，碑学大播，三尺之童，十室之社，莫不口北碑，写魏体，盖俗尚成矣。"④ 所以说，北魏元氏墓志作为一个群体出现，既弥补了人们对魏碑书法认识的不足，也显示了北魏皇族书法的整体水平，更为全面认识"魏碑"、学习"魏碑"、传承"魏碑"提供了实物资料。

不只是北魏墓志，隋唐以降，也不乏精品范本，如欧阳通书《泉男生墓志》，张旭书《严仁墓志》，颜真卿书《郭虚己墓志》《王琳墓志》，徐浩书《陈尚仙墓志》《陈希望墓志》《张庭珪墓志》《崔贲墓志》《崔藏之墓志》，褚庭诲书《程伯献墓志》，梁升卿书《张说墓志》，李阳冰篆盖的《崔祐甫墓志》，裴度撰文、权

---

① （宋）李昉等编：《太平广记》卷二百六·书一，第 948 页；卷二百八·书三，第 1343 页。
② （清）康有为：《广艺舟双楫》，《历代书法论文选》，上海书画出版社 1979 年版，第 809 页。
③ 陈振濂：《品味经典》（魏晋书法卷），浙江古籍出版社 2006 年版，第 18 页。
④ （清）康有为：《广艺舟双楫》，《历代书法论文选》，第 756 页。

璩书丹、舒元舆篆盖的《杨元卿墓志》，李凑书《顺节夫人墓志》，狄仁杰书《袁公瑜墓志》，宋代王寿卿书《马氏墓志》，民国章太炎撰文、吴昌硕篆盖、于右任书丹的《张子温墓志》等都是难得的书法珍品。

洛阳出土墓志可谓一个重要而丰富的书法艺术宝库，通过发掘墓志这种特殊文献载体的书法价值，对于传承和弘扬书法艺术大有裨益。

二 补书史之阙

历代典籍文献是记录书法史的重要载体，但资料有限、取舍主观，又多有损毁，不及墓志铭文真实可靠。正如饶宗颐先生所言："向来谈文献学（philology）者，辄举甲骨、简牍、敦煌写卷、档案四者为新出史料之渊薮。余谓宜增入碑志为五大类。"[①] 饶先生有意将碑志与甲骨、简牍、敦煌写卷、档案等四者相提并论，足见碑志在文献学上的重要价值。就书法史而言，墓志铭刻着历代书法和史料讯息，发起于直系子孙，深埋地下，保存完好，其真实性、完整性可弥补史料之阙。

唐代书法理论家张怀瓘，书论著述颇丰，有《书断》《书议》《书估》《文字论》《玉堂禁经》《论用笔十法》《评书药石论》等著作传世，但其生平、家世史书无载，实为书坛憾事，而包佶撰《大唐故朝请大夫盛王府司马诸王侍书上护军范阳张公（怀瓌）墓志铭》[②] 的出土，弥补了这一缺憾，从中可推知张怀瓘的家族世系，补史书之阙，因为张怀瓌实为张怀瓘胞弟。

近年洛阳出土的颜真卿书《郭虚己墓志》和《王琳墓志》弥补了书史对于颜真卿书法演变分期的断档。颜真卿 42 岁所书的《郭虚己墓志》较《多宝塔碑》早 2 年，33 岁所书《王琳墓志》较《多宝塔碑》早 11 年，这不仅为研究颜真卿早年的书法提供了实物资料、弥补了早期"颜书"的空缺，更为重要的是为更加全面、准确地认识"颜书"的风格演变提供了第一手资料，也为探讨颜真卿书法的渊源提供了趋于统一的可靠资料。同样，洛阳出土徐浩 47 岁所书《崔贲墓志》和 48 岁所书《崔藏之墓志》弥补了徐浩书法存世遗迹之不足和分期的断档。与徐浩 33 岁所书《陈尚仙墓志》、51 岁所书《李岘妻独孤峻墓志》和 64 岁所书《李岘墓志》正好以时间为序形成作品链条，据此可进系统把握徐浩书法及唐代书法的风格演变。"徐浩书法在天宝九年（750 年）以前正处在'既得平正，务追险

---

① 饶宗颐：《饶宗颐史学论著选》，上海古籍出版社 1993 年版，第 545 页。
② 吴钢主编：《全唐文补遗》（千唐志斋新藏专辑），三秦出版社 2006 年版，第 236 页。

绝'的阶段；此后，随着大唐雍容气象和唐玄宗丰肥之风的渗入，徐浩书法也应时趋变；天宝 10 年，即 48 岁以后达到'既知险绝，复归平正，通会之际，人书俱老'的阶段，并形成稳定的自家风貌。"①

篆书在宋代的发展，正史文献很少提及，即便曹宝麟先生所著《中国书法史》（宋辽金卷）也仅提到徐铉一人而已，而洛阳出土《宋故扶风马氏墓志铭》为研究小篆书法在宋代的传承、研究平民书家王寿卿及其书法提供了第一手资料。更为难能可贵的是近代国内出土的近万方古代墓志中仅见《马氏墓志》以小篆书刻，且还是在小篆再次陷入沉寂的宋代，其补史价值独一无二。若将该志篆书与唐代李阳冰的《三坟记》《颜家庙碑碑额》等小篆加以比较研究，可以看出明显的师承关系。而《马氏墓志》书刻于北宋后期的建中靖国元年（1101），离李阳冰〔约生于开元九、十年（721、722）间，卒于贞元初年（785、787）。〕辞世已长达 314 年之久，足见盛中唐篆书名家李阳冰的影响 300 余年不衰。书丹者王寿卿，宋史无载，原因是其"终身布衣"，此证得之《书史会要》。"王寿卿，字鲁翁，陈留（今河南陈留城）人。祖择之外甥。工篆，得李阳冰笔意，黄庭坚亟称其书法云：'非章友直辈所能管摄。'朝廷召至京师，使篆（王安石）字说，辞以与王氏之学异。后以命李孝扬，而寿卿终身布衣。"② "布衣"不可能入史，但并不影响人们对"布衣"书法的推崇。宋代书法大家黄庭坚（山谷）对王寿卿的小篆书法就一直赞赏有加，其在《跋王鲁翁篆书》中说："王鲁翁嗜篆，一以李监为师。行于四方，闻李监石刻之所在，无风雨晨夜。余未识鲁翁，见壁题，曰：'是必阳冰之苗裔也。'已而，果然。其论阳冰笔意，从老至少，肥瘦刚柔，巧拙妍丑，皆可师承，有味其言之也。余尝戏鲁翁：'杜元凯左氏之忠臣，王鲁翁李监之上嗣也'。今世作小篆者凡数家，大率以间架为主，李氏笔法几绝。见鲁翁用笔，可以酒酹阳冰之冢耳。"③ 其在《跋翟公巽所藏石刻》中再次说道："文章敧敧而得韩退之，诗道敝而得杜子美，篆籀如画而得李阳冰，皆千载人也。陈留有王寿卿，得阳冰笔意，非章友直、陈晞、毕仲荀、文勋所能管摄也。"④

以上几例，仅为九牛一毛而已，因为洛阳出土墓志数量之巨，无与伦比，其补史书之阙，难以尽述，诸如《张庭珪墓志》、《李邕墓志》、《郑虔墓志》、《徐项墓志》、《徐现墓志》、《徐珰墓志》的出土，填补了书家无传的空白，也为书史

---

① 杨庆兴：《洛阳新见徐浩撰并书墓志》，《中国书法》2015 年第 3 期。

② （明）陶宗仪：《书史会要》，上海书店出版社 1984 年版，第 241—242 页。

③ 转引自王宏理《古书画家四人事迹补考》，《中国美术学院学报》2010 年第 1 期。

④ 黄庭坚：《山谷题跋·跋翟公巽所藏石刻》，屠友祥校注，上海远东出版社 1999 年版，第 124 页。

研究提供了第一手材料。

三 纠书史之谬

墓志的纠史价值，当不会有任何异议，得到学界一致认同，因为，墓志一般早于正史，资料原始，多为直系后代所立，失误或出错的可能性相对较小，这同样适用于书法史的纠谬。唐代书法家李邕，乃唐代大手笔，有《麓山寺碑》《李思训碑》《李秀碑》等传世，李后主将"李邕与欧、虞、褚、薛、颜、柳、徐浩及张旭并列，视为有唐一代大家"①。"至明代董其昌，则更见钦佩，自称平生最嗜李邕之书，且说：'余尝谓右军（王羲之）如龙，北海（李邕）如象，世必有肯余言者。''右军如龙，北海如象'，把李邕与右军相提并论，可谓推崇之至，无以复加了。"② 然其生卒一直被误载，直至《李邕墓志》出土，才得以纠正。《旧唐书》记李邕"死年七十有余"，《新唐书》载其"死年七十"，而《李邕墓志》记为"年七十三"，则可纠史之谬。前文所述唐代书法理论家张怀瓘，介绍其世系时，其父名一直有张绍先或张绍宗之不定，《中国书法史》（隋唐五代卷）记张怀瓘时说"其父张绍先（一作绍宗）"③，而张怀瓘胞弟《张怀瓖墓志》则清楚明白地记为："父绍宗，赠宜春郡太守。"④ 另外，唐代以徐浩祖父徐师道为首的徐氏家族，有着近二十人的书法群体。但或因史料欠缺，或因记载不详，或因以讹传讹，后世史籍出现许多谬误，郭茂育先生依据洛阳出土徐氏家族的众多贞石，逐一考证，细心梳理，不仅还书法史以正确，还厘清了徐氏家族的世系交替和书风传承，实为书法史研究之幸事，此处不再一一赘述。

四 拓展书法史观

史料记载，墓志使用的高潮期，上自王公大臣，下至平民百姓，都有墓中设志之习，所以墓志书丹者既包括历代书法名家，也包括下层官吏、地方文人、书手、经生和书匠刻工，比较完整地记录了古代书法的全貌。书法史研究者在关注"经典"书法史的同时，有责任将基层的、"民间"的书法纳入研究视野，将"经典"与"民间"、文化与民俗、审美与应用等种种状态加以综合比较，还大众一个真实的存在。比如把同一朝代、同一时期、不同阶层的墓志书法加以比较，基

---

① 朱关田：《中国书法史》（隋唐五代卷），第 99 页。
② 朱关田：《中国书法史》（隋唐五代卷），第 99 页。
③ 朱关田：《中国书法史》（隋唐五代卷），第 300 页。
④ 吴钢主编：《全唐文补遗》（千唐志斋新藏专辑），第 236 页。

本上可以还原那一时期真实的书写状态，这不仅拓展了书法史研究的视野，也有助于正视历史。陈振濂先生曾言："在重视经典的同时，应该去关注民间书写。魏晋时代如此，唐宋元明清在文人书斋或科举试场上的经典或官方的书法趣味之外，是否也应该有一种对民间书写（书法）的重新发掘与定位？换言之，原来的以经典为脉络的书法史是单线的书法史，现在却应该建立起一种新的历史观，以经典书写与民间应用书写为双线型的书法史观。"① 正是对洛阳出土的 60 余方《亡宫墓志》的书法研究，人们开始注意到在"唐尚法"的上层主流书风的笼罩下，民间书手与工匠却能摆脱程式化的造作、摆脱法度化的约束，合理夸张，纵横自如、于有意无意间创造了恢宏博大、质朴天真、内涵丰富、烂漫率意的风神韵致。这种不拘一格的创造和"无意于佳乃佳"的才华，正体现了中国书法传统的最高审美境界——返璞归真和大朴不雕。在这种双线研究的基础上，再融入相生相伴和相互促进的政治、经济、社会、文化等因素进行综合考察，就可以把以名家、名作为核心的单线式书法史观，进一步拓展为社会大背景下以名家经典与大众日常书写状态的复线平行式或复线交互式的书法新史观。其意义可见于陈振濂先生的论述，"以为书法史只有一种经典模式与固定结论，以为书法史的知识谱系应该像教科书那样，必须有一个标准版的"答案"，这是一种相对幼稚的心态与理解方法，持有这样的心态与理解方法，是无法把握书法史发展的真谛，也是无法把握各项书法史料含义与真意的"。②

五　彰显书法和汉字传承之序

墓志之作，意在传世，所以多仰"名家"撰述和书丹。为表达后辈对死者的哀思和崇敬之情，一般采用官方正体字，所以魏晋的"钟王"、初唐的欧、虞、褚、薛，中晚唐的颜、徐、柳，宋、元、明、清、民国诸家及"魏碑体"、"写经体"等多种风格应有尽有。中国书法的历史传承，从洛阳出土墓志中可略见一斑：《皇甫文备墓志》《张善并夫人上官氏墓志》等尽显"欧体"的"险劲"；《大唐故田夫人墓志》《大唐故荆州大都督府司马陈府君（颐）墓志铭》等清新妩媚，恰是"虞体"的"圆融"；《顺节夫人（李氏）墓志》书法酷似"褚体"的"细劲华逸"，《大圣真观杨法师生（曜）墓志铭》风神正似《大字阴符经》等。近六千方出土墓志，一志有一志之形态，一志有一志之品格，志志不同，风格各异，

---

① 陈振濂：《近代三大发现对书法新史观建立的积极影响》，《文艺研究》2008 年第 12 期。
② 陈振濂：《近代三大发现对书法新史观建立的积极影响》，《文艺研究》2008 年第 12 期。

若按朝代更迭有序连缀，就可印证中国书法的有序传承。

中国书法赖以存在的载体是汉字，书法的传承演变紧紧关联汉字的演变与发展。洛阳出土墓志不仅于书法传承具有积极的意义，于汉字演变的承载同样意义非凡。中国汉字从产生到最后定型经历了复杂而漫长的过程，金石学家、文字学家早从出土碑志中筛选出汉字的俗体、异体、讹写等别字，汇编成《碑别字》《增订碑别字》《碑别字续拾》《碑别字新编》等，其意义不言自明，不用再费笔墨。但我仍想提一提洛阳出土的《源延伯墓志铭》。该志在短短 800 余字的墓志铭文中，出现俗体、异体、讹写等别字 20 余例（见下图），这些正反映了北朝时期文字混乱的情况，是研究北朝文字混杂和复古的重要资料。其价值和意义，在本人的另一篇论文《新见〈源延伯墓志〉》（发表于《中国书法》2016 年第 6 期）中有详细考证，此不赘述。

（开）、（跋）、（匹）、（侯）、（绵）、（归）、（京）、（休）、（甎）、（艺）、（爨）、（敌）、（禀）、（蚰）、（寡）、（叛）、（疆）、（弈）、（丧）、（号）、（济）、（冠）等字

另外，在文字学研究方面，墓志还具有保留和传承资料的价值和意义。史载，武则天当政期间，创造或改造了 19 个字，加上为自己创造的"曌"字，共计 20 个字，但这些字在字典、字书中基本找不到了，幸好散见于洛阳《千唐志斋博物馆》藏的 154 块武周时期的墓志中，让我们还能见到这些字的原貌，见证那一段逝去的辉煌。

洛阳出土墓志，承载了中国书法传承的大量范本，丰富了书法史学资料，通过研究和认识它的内在审美观念，将有助于我们更深刻、更全面、更客观地梳理和透视中国书法艺术的传承轨迹和发展方向，有助于体会书法与各种文化之间相生相伴和相互促进的复杂关系，为书法的传承、创新、发展奠定基础。

洛阳出土唐《徐漪墓志》
及其书法价值

高慎涛*

　　《徐漪墓志》于 2004 年洛阳偃师出土，该志撰、书、刻者俱有，字口清晰，书法精美，为近期出土墓志中的佳品，志石现藏于洛阳师范学院图书馆。墓志有盖，篆书"大唐故徐府君墓志铭"，盖文三行，满行三字，盖长 54 厘米、宽 54 厘米，周边为曲折线纹，四杀为花卉纹。志石长 54.5 厘米、宽 55 厘米、厚 10 厘米；志文 21 行，满行 23 字，正书，有界格，四侧为缠枝花纹。志主徐漪勤学工书，为唐代著名书法家徐峤之之子、徐浩之弟；撰者徐现为徐浩之子、徐漪之侄，亦善书，现存偃师商城博物馆《徐浩墓碑》（贞元十五年立）即为徐现所书。《徐漪墓志》提供了书法家徐漪及其家族的资料，具有重要的文献价值。录文如下：

　　　大唐故河南府长水县丞徐府君墓志
　　　侄朝议郎河南府新安县令现撰
　　　公讳漪，字文沼。其先东海郯人也。因南迁于越，开元中，移贯河南府洛阳县。祖师道，皇益州九陇县尉、赠吏部侍郎。考峤之，皇银青光禄大夫、洺州刺史、赠左散骑常侍。季兄浩，皇吏部侍郎、彭王傅、赠太子少师。公少以乐道，恣性江湖。仁兄当朝，掌纶金殿，匡辅勋赏。特恩赐官，授太常寺典膳丞，转授河中府虞乡县尉。以其干用，府主奏授本县丞。以兄节制南越，特恩改授颍阳县丞。常调授潞府户曹参军，复随常调吏曹执文。以无出身，降授长水县丞。公秉性冲和，乐天知命，好贤接士，宾馆大开。勤学工书，孜孜不倦。事兄能竭其力，睦下能施其仁。轻于资产，重于然诺。高流长者必集其门，文士饮徒常醉于馆。方期积庆延永，仁德怗佑；庆不益福，德不销灾。以贞元十一年岁次乙亥终于长水官舍，享年六十有七。以十二年正月十三日归葬于偃师县，祔先茔，礼也。男瑾等，泣血哀号，诉天何及！

---

* 高慎涛，男，洛阳师范学院教授，河南省公共文化研究中心研究人员。

现哀塞荒鲠，略述官讳，殊不近文。谨为铭曰：

> 汪汪吉士，奚袭大贤。兢兢戒慎，不为我先。三为副贰，一授梅仙。主务绵密，案牍精妍。降此仁德，不永其年。平生樽酒，难复重持。执绋亲故，涕泣涟濡。千千松柏，永永风悲。

　　侄孙倚书

　　屈贲刻

　　徐漪生卒、字号、籍贯。漪字文沼，正史不载，可补史之阙。志载贞元十一年（795）卒，春秋六十七，逆推生年为开元二十七年（739）。"其先东海郯人也。因南迁于越，开元中，移贯河南府洛阳县。"1998年出土于偃师的其兄《徐浚墓志》亦载"其先东海郯人，因官家会稽，今居河洛"。① 综合二志可知：所谓东海郯乃是徐氏郡望，越州乃是其徐氏籍贯，洛阳则是其居住地。据志，徐氏居家越州乃是因官而居，考《元和姓纂》卷二："洛州刺史徐峤之，居会稽，生浩、浚、漪。"② 可见因官居会稽者是其父徐峤之，大概又因官洛州刺史之故于开元中移家洛阳。徐漪于开元二十七年方才出生，实为洛阳人。而《旧唐书》卷一三七、《新唐书》卷一六〇《徐浩本传》中则言"徐浩字季海，越州人"。朱关田先生考证徐浩生于河南洛阳。③ 孰是孰非，可从"开元中，移贯河南府洛阳县"中寻找到答案。据《徐浩神道碑》（《全唐文》卷四四五），徐浩建中三年（782）卒，享年八十，则生年为武则天长安三年（703），此时徐家尚在会稽，至开元中移贯之时浩已经二十三岁左右，所以两《唐书》言徐浩为越州人并无不妥，朱关田先生认为徐浩生于河南洛阳之说不实。浚、浩、漪三兄弟中只有漪出生于洛阳。

　　徐漪世系。徐漪一系见载于《元和姓纂》卷二："洛州刺史徐峤之，居会稽，生浩、浚、漪。浩，吏部郎、东海郡公，有传，生璹、现、玫。现，泌州刺史。浚生珽、项、埸。珽，都官郎中；项，渭南参军；埸，阆州刺史。"④ 志中提到其父峤之为"皇银青光禄大夫、洺州刺史、赠左散骑常侍"，而非《旧唐书·徐浩传》及《元和姓纂》卷二所说官至"洛州刺史"，洛当是洺之误，应以墓志为是。此点可从洛阳出土徐漪兄长《徐浚墓志》中得到明证，《徐浚墓志》亦记载其父为"银青光禄大夫、洺州刺史讳峤之"。徐漪志中对其父官衔的记载还可补现藏

---

① 拓片见于《书法丛刊》1999年第4期。
② 林宝：《元和姓纂》卷二，中华书局1994年版，第209页。
③ 朱关田：《唐代书家年谱》，江苏教育出版社2001年版，第257页。
④ 林宝：《元和姓纂》卷二，第209页。

偃师的《徐浩神道碑》之缺字，《神道碑》多处已不可识，如述徐浩为"银□□禄大夫□州刺史赠□散骑常侍峤之之子"处，即多处不清，据徐漪志文可知缺处分别为"青、光、洺、左"。另据《徐浩神道碑》《徐浚墓志》《徐漪墓志》知徐浚生于 694 年，徐浩生于 703 年，徐漪生于 729 年，三人的排序应为浚、浩、漪，可纠《元和姓纂》之失。另外《元和姓纂》对徐浩、徐浚的子嗣均有记载，独无徐漪之嗣。2004 年同时出土的徐漪夫人《郗氏墓志》提及徐漪子嗣，分别为长子瑾，次子玮，嗣子玘、琯，此又可增补《元和姓纂》之阙。徐漪志文中还提到其祖师道，曾官益州九陇县尉、赠吏部侍郎，与《徐浩神道碑》记载相同；《金石录》载："《唐高行先生徐师道碣》，唐姚奕撰序，贺知章铭，子峤之书。开元十一年四月立。"（《宝刻丛编》卷十三《越州》引《金石录》）综合三碑及与徐漪夫人墓志可得徐漪世系如下：

> 澄之（隋杭州钱塘县令）—敬之（唐朝逸人）—师道（益州九陇县尉赠吏部侍郎）—峤之（银青光禄大夫、洺州刺史）——徐浚、徐浩、徐漪—长子瑾，次子玮，嗣子玘、琯

徐漪历官。徐氏三兄弟中徐浩十五究经术及第，徐浚十七明经高第，独有徐漪"少以乐道，恣性江湖……文士饮徒常醉于馆"，不以科举仕途为意，其任官太常寺典膳丞，乃是因其兄徐浩掌纶金殿，特恩赐官。掌纶金殿指起草诏诰，指徐浩任中书舍人之事，考《神道碑》，浩在肃宗朝（756—761）拜中书舍人。后又授颍阳县丞亦是因徐浩节制南越恩授，节制南越指代宗大历二年（767）以工部侍郎徐浩为广州刺史、岭南节度观察使（《旧唐书》卷十一《代宗本纪》）。后授潞府户曹参军，复随常调吏曹执文，降授长水县丞。徐漪一生四度为官，三次为县丞，一次为县尉，正如志铭中所说"三为副贰，一授梅仙"。县丞为县令之辅佐，故而为副贰；梅仙是西汉时的南昌县县尉梅福，代指县尉。

徐漪一门自其祖父徐师道即善草楷，其父峤之亦善书。朱长文《续书断》载："太真（徐师道字）精于翰墨，峤之能承之，以世名家……"① 峤之承父，草书亦擅，武平一《徐氏法书记》称："豫州刺史东海徐公峤之，怀才蕴艺，依仁践礼，自许笔精，人称草圣。"② 峤之岳父张庭珪亦是唐代著名书法家，以善隶书

---

① 华东师范大学古籍整理研究室：《历代书法论文选》，上海书画出版社 1979 年版，第 330 页。
② 《全唐文》，上海古籍出版社 1990 年版，第 1204 页。

而留名。《旧唐书》载："（李）邕所撰碑碣之文，必请廷珪八分书之。廷珪既善楷隶，甚为时人所重。"（《旧唐书》卷一〇一《张庭珪传》）徐氏三兄弟幼承家学，亦擅书法，尤以徐浩为著。志载徐澥亦是"勤学工书，孜孜不倦"。徐氏三世俱擅书法，实乃书史佳话。《书史会要》卷五谓：

> 徐峤之，字惟岳，师道子，官至洛州刺史，赠左常侍。平时耿耿有高节，作字名播于时，正书遒媚有楷法。评其字者谓："如回鸾顾鹊之势。"峤之父师道已精于书，峤之复以法授其子浩，盖三世矣。是亦熟扵翰墨之场者也。

其实徐氏擅书者不止三世，徐浩子徐璹、徐现亦擅书。《书小史》卷十载："徐璹，浩之子，幼勤学善真行书，能别识书画。徐岘，璹之弟，善正书。"《刻类编》卷四载"徐岘，浩之子，洹水县令"。徐岘应为徐现，即本志文撰者。《元和姓纂》卷二载徐浩三子为：璹、现、玟。此处《徐澥墓志》即署"侄朝议郎河南府新安县令现撰"，现即是徐浩子徐现。《宝刻类编》卷四载徐现撰书有：《安国大德律师塔铭》，撰并书，贞元七年十月；《辨正禅师塔铭》，郑叔规撰，（现）书并篆额贞元十五年立；《彭王傅徐浩碑》，张式撰，次子岘正书并篆额，表侄张平叔题识，贞元十五年十一月立；《昭义节度王虔休碑》，贞元十六年四月立，同上；《灵玲禅师塔铭》，撰并书，元和八年八月。

书者为"侄孙倚"，推测应为徐现子。刻字者屈贲亦是书法名家，《书史会要》补遗称其是善书者。《宝刻丛编》卷二十引《金石录》载有：《菩萨戒石坛记》，沙门大观述，屈贲正书，贞元十二年二月。现存屈贲镌刻书丹墓志共计五方：列表[1]如下：

序号	墓志	撰者	葬年	出处
1	《嗣曹王李皋墓志》	徐顼书并篆铭，镌字人屈贲、马瞻	贞元八年	《唐代墓志汇编》，第 1903 页
2	《徐澥墓志》	徐现撰，徐澥书，屈贲刻字	贞元十一年	《洛阳新出墓志释录》，第 353 页
3	《李胄妻郑氏墓志》	河东屈贲书并刻	贞元十二年	《河洛墓刻拾零》，第 475 页
4	《张惟及妻王氏合祔墓志》	昭武校尉守左武卫翊府左郎将河东屈贲刻述并书	贞元二一年	《唐代墓志汇编》，第 1938 页

---

① 参赵振华《洛阳古代铭刻文献研究》，三秦出版社 2009 年版，第 81 页。

序号	墓志	撰者	葬年	出处
5	《张曛墓志》	崔归美撰，节度讨击副使屈贲书并篆	元和八年	《唐代墓志汇编》，第 1995 页

　　另外徐现《徐浩神道碑》刻字者署："河□屈□、吴郡□□□刻字"，可推测刻字者也应为"河东屈贲"。以上第一、第二方墓志分别是徐浚和徐浩的儿子所撰写，由屈贲刻字，可见屈贲与徐浩家族是非常熟悉。屈贲作为当时著名刻字人以及与徐浩关系密切之人，为徐浩神道碑刻字当是极有可能，况屈贲在刻字时常署名"河东屈贲"，与残缺"河□屈□"署名也若合符契。以上墓志可大略知刻字人屈贲的经历。

　　有唐一代，徐浩书法尤其是楷书代表了盛唐的最高水平，徐浩"尝作《书法》以示子侄，尽述古人积学所致，真不易之论"（四库本《宣和书谱》卷三"祭侄季明文"条）。徐现幼时应跟随徐浩学习，此书当受徐浩影响。观徐现所书《徐漪墓志》，结体严谨平正，用笔稳重，筋骨突出，字锋藏而不露。这与徐浩《书论》的审美思想一致，《书论》曰："初学之际，宜先筋骨，筋骨不立，肉何所附？用笔之势，特须藏锋，锋若不藏，字则有病。"但徐倚此书也表现出不同于徐浩，或者说和徐浩所代表的盛唐书学思想的不同之处。徐浩成熟期作品如《李岘妻独孤峻墓志》《李岘墓志》《大证禅师碑》，字体丰丽圆厚、沉着劲健，与盛唐所追求的肥腴审美风尚相吻合。米芾曾说："开元以来，缘明皇字体肥俗，始有徐浩以合时君所好，经生亦自此肥。开元以前古气，无复有矣。"[1] 徐倚书法在重筋骨尚稳健法度上向灵动转变，是书虽结体严正，但较徐浩书法，明显体现出由肥厚向清隽转变、由端正向秀媚转变，更多体现出王羲之所代表的晋韵风格。

---

[1] 《历代书法论文选》，第 361 页。

洛阳出土唐书家萧谅
墓志及相关问题研究

毛阳光*

萧谅与其兄萧诚俱是盛唐时代较为知名的书法家。唐人蔡希综《法书论》中指出"父子兄弟相继其能者……兰陵萧诚及弟谅"。[①]《墨薮》称萧诚擅真书和行书，"如舞鹤交影，腾猿在空"，名列李邕、徐浩等知名书家之前。[②] 唐人笔记中还有萧诚将自己的书法假作古帖博取李邕赞赏的记载。[③] 其书丹的碑刻史籍记载尚有多种，如《裴大智碑》《独孤册碑》《库狄履温遗爱颂》《卫玠遗爱颂》《南岳真君碑》《玉真公主受道灵坛祥应记碑》等。[④] 其中《玉真公主受道灵坛祥应记碑》如今还保存在河南济源的永泰宫。[⑤] 而作为弟弟的萧谅在书法方面亦不遑多让，颇有书名。《书小史》记载其"善书，世谓诚真谅草"[⑥]。则萧谅以草书见长。遗憾的是：其书迹文献中却未曾记载，作品也未见传世。近年洛阳出土，现藏偃师张海书法艺术馆的《萧元祚墓志》，署"次子前司勋员外郎诚撰，幼子主爵员外郎谅书"[⑦]，则墓志为其子萧诚撰文，萧谅书丹。该墓志书于开元二十三年（735），笔法楷书而时有行书笔意，严谨而不失灵动，使人得以第一次目睹萧谅书法之风采，陈尚君先生已经有所关注。[⑧] 萧谅其人两《唐书》无传，仅有只言片语提及。而传世文献中关于萧谅的一些零星的记载，劳格、赵钺在《唐尚书省郎官石柱题名考》中已经钩沉甚详。[⑨] 地不爱宝，《萧谅墓志》最近也在洛阳出土，

---

　　* 毛阳光，河南郑州人，河洛文化国际研究中心副主任，洛阳师范学院教授，研究方向为隋唐历史和石刻文献。

　　① 陈思：《书苑菁华》卷十二，文渊阁四库全书本。

　　② 《墨薮》卷一，文渊阁四库全书本。

　　③ 封演撰，赵贞信校注：《封氏闻见记校注》，中华书局 2005 年版，第 91 页。

　　④ 《宝刻类编》卷三，文渊阁四库全书本。

　　⑤ 朱亮、黄明兰编：《洛阳名碑集释》，朝华出版社 2003 年版，第 178—181 页。

　　⑥ 陈思：《书小史》卷十，文渊阁四库全书本。

　　⑦ 《大唐故袁州萍乡县令萧府君讳元祚字元祚墓志铭并序》，赵君平、赵文成编《河洛墓刻拾零》，北京图书馆出版社 2007 年版，第 287 页。

　　⑧ 陈尚君：《洛阳新获七朝墓志序》，齐运通编《洛阳新获七朝墓志》，中华书局 2012 年版。

　　⑨ 劳格、赵钺：《唐尚书省郎官石柱题名考》，中华书局 1992 年版，第 323 页。

后也被张海书法艺术馆收藏。墓志为盛唐时期知名史官韦述撰文，详细记载了萧谅的家族、生平仕宦、婚姻和学术等情况，为相关研究提供了珍贵的史料。

该墓志长 75 厘米、宽 74 厘米。志盖楷书：唐故临汝太守贬桂阳郡司马兰陵萧府君墓志铭，四杀装饰繁复精美的卷草纹。墓志全文如下：

唐故临汝郡太守桂阳郡司马兰陵萧府君墓志铭并序

左庶子集贤院学士修国史韦述撰

子前武陵郡龙阳县尉员外置直书

公讳谅，字子信，其先兰陵人，梁长沙王懿之六代孙也。长沙生贞阳侯渊明，贞阳以本朝沦覆，入讨群凶，寄家于齐，南征不复，其处者遂为相州邺人焉。高祖高唐王盾，曾祖隋代郡守、高邑公岱，祖湖州录事参军憬，父许王祭酒、袁州萍乡令元祚。世增其勤，钟美于后。公中温外朗，行直言诚，孝友纯深，精明特达。和钧有度，应云门之雅音；果断无疑，抱龙泉之利器。年十四而萍乡府君在职捐舍，人吏赙赠，殆盈万数。公守□先志，衔哀恳辞，不为利回，竟无所受。既而扶老携幼，万里还乡。谨身而有常，节用而不匮。秉心持操，人无间言，同子荆之善居，遵叔孙之无改，乡党由是慕其仁而称其智也。俄授濮阳主簿，内艰去职。礼阕，历开封、蓝田、长安三簿尉。其在开封，则兵部尚书王公引为朔方管记；其在长安，则礼部尚书、信安王奏充节度判官。参戎幕之谋猷，总军行之书奏，二尚书美声洋溢，抑皆公之助焉。使回，擢拜监察御史，迁殿中侍御史、比部司封二员外郎、礼部郎中、长安令、将作少匠、鸿胪少卿、御史中丞、京畿采访处置使，出为陕郡、临汝二太守，累加中大夫。前后所经，必闻尤异。推诚以待物，则道无不亨；敬始而思终，故言必可复。由是为下者怀其惠，为上者赖其功，远之者钦其风，近之者悦其德，所谓恺悌君子，人所劳矣。自裴仆射耀卿、蒋大理钦绪、李少傅暠、王尚书丘、萧太师嵩、崔宾客沔，皆高贤之先达者也。每与公谈名理，释玄言，探物情，议时政，莫不膝之前席，自谓不如。老者忘其年，而高者失其贵矣。从政之暇，注《老子》两卷，不尚浮词，务存道意，开后学之未悟，契前圣之先觉。至于文章末艺，翰墨小能，咸擅当世之名，而避过人之誉。不矜片善，众所推高。始，公之异母兄果毅光邻、从父兄管城尉让、从父弟大理寺评事诠，皆家室屡空，早世物故。仁恩所被，稚弱攸归，公事寡同于所亲，抚孤逾于己子，衣无常主，食不异爨。其余中外茕独，赖公而举火者又十数室。衣之食之，教之诲之，未立者谋其宦学，无□者为之婚娉，忻忻然咸恃我，而忘其亡矣。呜呼！居多则易惑，事广则难周，抑川泽之纳污，嗟龙蛇之为害。竟以兄子之婿交游获罪，坐以亲累，左迁桂阳郡司马。汝坟之人，失我慈父，始谘嗟而饮泣，终悯默以吞声。谓天盖高，思上诉而无由达也。历沅湘而径度，指衡霍而遐奔。卑湿所侵，风疠生疾，未届所莅，终于长沙之传舍，春秋五十有八，时天宝六载二月才生魄也。丹旐翩翩，孤舟漂泊，沿江溯汴，涉夏徂秋。鸟兽为之悲凉，烟云为之凄惨，道难行而时易尽，昔所羡子今所怜，命之倚伏，有如此者。夫人咸宁县君京兆韦氏，坊州刺史余庆之孙，房州刺史、奉先令景骏之女也。六行兼美，九族推贤，辅德正家垂卅载。春秋卅有七，天宝二载九月终于京城之宣阳里，即以七载三月廿六日合祔于河南毕圭原之旧茔，礼也。嗣子直、立，匍匐攀从，崎岖艰阻。誓归厝于先兆，庶终天而永安。刊石幽泉，以纪徽烈。铭曰：

梁文之昭，贞阳之胤。诞生君子，文行忠信。如兰之芳，如玉之润。王畿帝里，殷繁浩穰。柏台雄剧，粉署辉光。翻飞所践，问望斯彰。三独既登，二郡攸往。名高易污，道直无党。白圭可磨，朱弦难枉。长沙谪宦，有去无归。水陆万里，乡山是依。宅兆兹地，龟筮无违。德俪先谢，聿来同域。宿草行新，青松将植。唯晨霞与夕雾，配兹原而无极。

一

萧谅家族出身兰陵萧氏齐梁房，属于中古时期的高门望族，其孙萧邺又在晚唐担任宰相，因此《新唐书·宰相世系表一下》记载较为细致。[1] 而近年来萧谅家族成员的墓志相继出土并刊布，除《萧元祚墓志》之外，洛阳师范学院河洛古代石刻艺术馆还收藏有许景先撰文的《萧元礼墓志》，2002 年经考古发掘出土的《萧言岁墓志》，千唐志斋博物馆征集的《萧谖墓志》。[2] 刘未利用这些资料在《龙门唐萧元礼妻张氏瘗窟考察札记》一文中排列了其家族世系，弥补了《新唐书》相关记载的缺漏。[3] 而萧氏家族成员的墓志近年在洛阳还有出土，如千唐志

① 欧阳修、宋祁：《新唐书》卷七一下《宰相世系表一下》，中华书局 1975 年版，第 2279—2281 页。
② 《大唐故赠银青光禄大夫使持节相州诸军事相州刺史兰陵萧府君墓志铭并序》，赵君平、赵文成编《河洛墓刻拾零》，北京图书馆出版社 2007 年版，第 227 页；《唐故商州刺史萧府君墓志铭并序》，洛阳市文物工作队《洛阳龙门张沟唐墓发掘简报》，《文物》2008 年第 4 期；邢宇：《唐故中散大夫义阳郡太守萧府君（谖）墓志铭》，《新中国出土墓志·河南叁·千唐志斋（壹）上》，文物出版社 2008 年版，第 146 页；《全唐文补遗·千唐志斋新藏专辑》，三秦出版社 2006 年版，第 189—190 页。
③ 刘未：《龙门唐萧元礼妻张氏瘗窟考察札记》，《中国国家博物馆馆刊》2012 年第 5 期。

斋尚藏有萧谖子萧均名墓志、萧询子萧怘墓志，其中萧怘父萧询是萧憬另一子萧祯之子。① 流散民间的还有萧谖之女萧宠墓志。②《萧让墓志》2014 年也在洛阳出土。墓志记载萧让是泗州司士参军元福长子，而萧元福之父正是萧憬。③ 由此可见，萧憬子嗣尚多，萧元祚是萧憬第五子，萧元礼尚幼于元祚，此外还有萧祯和萧元福。而《新表》只记载了元祚、元礼二人的世系，以上这些新资料都可以补充《新表》记载的阙漏。另外，萧岱子为萧憬，唐朝任湖州司马，而不是《新表》中记载的文憬。影印自明本的《文苑英华》卷九五七穆员《成都功曹萧公墓志铭》载："曾祖憬，皇朝朝散大夫、湖州司马。"其下小注云："《唐宰相世系表》名文憬。"④ 可见学者很早已经注意到传世墓志文献记载与《新表》的不同。除此之外，据《萧元祚墓志》，萧元祚曾任萍乡县令，而非《新表》所载的萍乡侯。另外，《萧谅墓志》记载萧憬曾任湖州录事参军，《萧均名墓志》记为魏州刺史，《萧怘墓志》记为相州长史，而其他萧氏家族成员的墓志均记载萧憬为湖州司马，应以湖州司马为确。

墓志记载，萧谅"年十四而萍乡府君在职捐舍，人吏赗赠，殆盈万数。公守□先志，衔哀恳辞，不为利回，竟无所受"。萍乡府君即萧谅父萧元祚，其在神龙二年（706）七月二十七日卒于萍乡宜春里官舍。然而，根据萧谅墓志中其卒年来推算，此时萧谅应为十六岁，韦述的记载或许有误。关于萧谅的出仕情况，墓志记载其先任濮阳主簿，之后任开封、蓝田、长安县的主簿或县尉。在蓝田县尉任上，"则兵部尚书王公引为朔方管记"，此王公即玄宗时期将领王晙，其在开元十一年（723）四月任兵部尚书，五月为朔方军节度使。其年十二月去职。⑤ 管记即节度掌书记的别称，是唐代行军幕府中的重要职务，章表奏书檄文辞之事。开元十四年（726），王晙又任朔方军节度使，但此时其为户部尚书。可见，萧谅充任朔方节度使掌书记是在开元十一年间。

① 冯偊：《唐萧公墓志文》，《新中国出土墓志·河南叁·千唐志斋壹上》一七九号，第 179 页；陆瑀：《唐故朝议郎行右武卫长史赐绯鱼袋上柱国兰陵萧府君墓志铭》，《新中国出土墓志·河南叁·千唐志斋壹上》上册一九六号，第 196 页。

② 叔孙观：《前冯翊郡朝邑尉沈公故夫人萧氏墓志铭》，毛阳光、余扶危主编《洛阳流散唐代墓志汇编》一六一号，国家图书馆出版社 2013 年版，第 322—323 页。

③ 《唐故管城主簿萧公墓志铭》，笔者收藏拓本。

④ 《文苑英华》卷九五七《成都功曹萧公墓志铭》，中华书局 1966 年版，第 5031 页。而《全唐文》卷七八五《成都功曹萧公墓志铭》则为"文憬"，当为清代编订《全唐文》时据《新唐书·宰相世系表》修改，第 8211 页。

⑤ 刘昫：《旧唐书》卷八《玄宗纪上》，中华书局 1975 年版，第 185—186 页；参见吴廷燮《唐方镇年表》，中华书局 1980 年版，第 128 页。

开元十五年（727）五月，萧谅在蓝田尉任上还参加了朝廷的制举。据史书记载："诏中书门下引文武举人就中策试。于是蓝田县尉萧谅、右卫胄曹梁涉、邠州柱国子张玘等对策稍优，录奏。帝谓源乾曜、杜暹、李元纮等曰：'朕宵衣旰食，侧席求贤，所以每念搜扬者，恐草泽遗才，无繇自达。至如畿尉、卫佐，未经推择，更与褐衣争进，非朕本意。'繇是唯以张玘为下第放选，余悉罢之。"① 本来见任官参加制举是仕进过程中快速得到升迁的重要途径，但由于玄宗顾虑其与民间的贤才争夺机会，尽管萧谅对策稍优，但并没有得到放选的机会。

此后，在长安县任上，"则礼部尚书、信安王奏充节度判官"。信安王即唐朝宗室信安郡王李祎。李祎在开元十五年之后长期任朔方军节度使，其以礼部尚书任朔方军节度使，约在开元十七年（729）。② 则萧谅充任朔方军节度判官当在此时。判官也是节度使幕府中的重要幕僚，"分判仓、兵、骑、胄四曹事"，地位稍高于掌书记。③ 玄宗开元、天宝时期，边镇幕府多辟署京师地区的地方官吏担任使府职务。④ 从墓志记载"参戎幕之谋猷，总军行之书奏，二尚书美声洋溢，抑皆公之助焉"可见，萧谅在朔方军幕府之中的行政能力得到了认可。关于的萧谅入幕之事，也可补戴伟华《唐方镇文职僚佐考》一书。

此后，萧谅在仕途上也一帆风顺。擢拜监察御史，迁殿中侍御史，之后又先后任比部司封二员外郎、礼部郎中、长安令、将作少匠、鸿胪少卿等职务。从萧谅的仕宦履历来看，其所担任的监察御史、殿中侍御史、比部司封二员外郎、礼部郎中、长安令等职务都是唐代士人理想的美职。⑤ 此后，在担任将作少匠、鸿胪少卿二职之后，萧谅出任御史中丞，并例兼京畿采访使。从品阶上来看，将作少匠和鸿胪少卿均是从四品，而御史中丞却是正五品上，低于前二者。然而，唐代职务的升迁并不完全看品阶的高低，还要看该官职职责的轻重和闲剧。御史中丞在唐代是御史台长官的副职，地位极其重要。"大夫、中丞之职，掌持邦国刑宪典章，以肃正朝廷。"⑥ 从这个角度而言，萧谅出任御史中丞并非贬官，而是升任职权更为重要的要职。这一点从《文苑英华》中现存《授萧谅御史中丞制》记载也可得到印证，"直道有恒，澄心不挠。果断之用，操利器于笔端；通明之识，置

---

① 王钦若：《册府元龟》卷六四三《贡举部·选人》，中华书局1960年版，第7710页。
② 《旧唐书》卷七六《吴王恪传附孙信安王祎传》，第2651—2652页；吴廷燮：《唐方镇年表》，第129—131页；《旧唐书》卷一〇五《宇文融传》，第3221页。
③ 杜佑：《通典》卷三二《职官十四》，中华书局1988年版，第895页。
④ 石云涛：《唐代幕府制度研究》，中国社会科学出版社2003年版，第134页。
⑤ 相关研究参见赖瑞和《唐代中层文官》，中华书局2011年版。
⑥ 《旧唐书》卷四四《职官三》，第1862页。

烦文于度外。所历清要，必闻声实，将求独坐，更伫兼才。斯正色于准绳，俾生风于台阁"。① 由此可见，萧谅的能力得到了朝廷的认可。

　　然而，从文献中的记载来看，萧谅出任御史中丞也有深刻的政治背景。天宝二年（743），时任侍御史，知太府出纳的杨慎矜"迁权判御史中丞，充京畿采访使，知太府出纳使并如故。时右相李林甫握权，慎矜以迁拜不由其门，惧不敢居其任，固让之，因除谏议大夫，兼侍御史，仍依旧知太府出纳。以鸿胪少卿萧谅为御史中丞，谅至台，无所挹让，颇不相能，竟出陕郡太守"②。则萧谅出任御史中丞也是由于杨慎矜畏惧李林甫而推让所致。《资治通鉴》将此事系于天宝二年五月辛丑，此后不久，天宝三载九月甲戌，杨慎矜又任御史中丞。③则萧谅在此间任御史中丞。《唐会要》卷六七曾有御史中丞萧谅的一篇关于员外官分判曹务的奏疏，系于天宝六载六月二十四日④，明显有误，时间应该是天宝三载。

　　由于萧谅违忤了当时权倾一时的李林甫，于天宝三载被排挤出任陕郡太守。陕郡即陕州，治所在陕县，这里是唐代漕运的要冲，有著名的太原仓，经由运河运输而来的山东、江淮各地的各种物资由这里转输到关中的长安。陕郡属上州，太守品阶为从三品，远高于御史中丞。但和御史中丞的权责相比，差距还是非常大的，毕竟唐前期社会上一直是重京官而轻外官的。⑤ 因此，萧谅出刺陕郡实际上是被贬，这条资料郁贤皓《唐刺史考全编》卷五一陕州并未使用，可补入，时间在天宝三载九月后。此后，萧谅又任临汝太守，临汝虽然也是上州，但地位比陕郡而言又低。然而，即便在临汝太守任上，萧谅还是没有能够逃离政治的旋涡，"竟以兄子之婿交游获罪，坐以亲累，左迁桂阳郡司马"。可见萧谅是因为兄子之婿交游结党获罪而受到牵连被贬的，兄子之婿是何人尚不可考。对此，独孤及在《唐故给事中赠吏部侍郎萧公（直）墓志铭》也记载"中丞府君之遇谗谪居"，说明萧谅遭遇谗言而被贬。⑥ 从墓志记载萧谅去世的时间上看，萧谅被贬的时间当在天宝五载（746），此时正是权相李林甫排斥异己，打击与太子关系密切的韦坚、李适之等政敌的高潮期，许多人在这场政治风波中被杀或被贬。从墓志中萧直的

---

① 《文苑英华》卷三九三孙逖《授萧谅御史中丞制》，第2000页。
② 《旧唐书》卷一〇五《杨慎矜传》，第3226页。
③ 司马光：《资治通鉴》卷二一五玄宗天宝二年—天宝三载，中华书局1956年版，第6858—6860页。
④ 王溥：《唐会要》卷六七《员外官》，中华书局1955年版，第1180页。
⑤ 夏炎：《从刺史的地位看唐代内外官的轻重》，杜文玉主编《唐史论丛》第九辑，三秦出版社2007年版。
⑥ 董诰：《全唐文》卷三九二，中华书局1983年版，第3988页。

官职"前武陵郡龙阳县尉员外置"来看，则萧直也受牵连被贬到朗州龙阳县，此后又"播迁汉东，移尉谷熟"。① 被贬的萧谅在奔赴贬所的路上感染了疾病，"卑湿所侵，风疡生疾，未届所莅，终于长沙之传舍，春秋五十有八，时天宝六载二月才生魄也"。"才生魄"指初三日，则萧谅在天宝六载（747）二月三日卒于长沙传舍。以此推算，则萧谅生于武后天授元年（690）。

墓志中"至于文章末艺，翰墨小能，咸擅当世之名，而避过人之誉"，则称赞了萧谅在文章和书法方面的造诣。遗憾的是萧谅的文章并没有传世，《唐文拾遗》中所收《员外官不许知事奏》，还是从《唐会要》卷六七中辑出的。② 墓志记载，萧谅还曾注《老子》两卷。在唐代，由于统治者注重利用道教来加强集权统治，并追尊道教创始人老子为先祖，因此道教在多个时期受到统治者的青睐和推崇。《道德经》也上升为经典，还成为科举考试的内容。③ 尤其是玄宗时期，道教的发展达到极盛，科举考试中专门设置道举。学习、研究《道德经》也成为一时的风气，除了玄宗加以注疏之外，许多学者也曾注《老子》。④ 而唐墓志中这方面的记载也屡见不鲜，如王德表、崔沔、陈皆等。⑤ 而萧谅注《老子》，也可补充文献相关记载的不足。

墓志还记载了萧谅扶助其他家族成员的善举，"公之异母兄果毅光邻、从父兄管城尉让、从父弟大理寺评事诠，皆家室屡空，早世物故。仁恩所被，稚弱攸归，公事寡同于所亲，抚孤逾于己子，衣无常主，食不异爨。其余中外茕独，赖公而举火者又十数室。衣之食之，教之诲之，未立者谋其宦学，无□者为之婚娉，忻忻然咸恃我，而忘其亡矣"。则萧谅还有异母兄萧光邻，按《萧元祚墓志》记载萧诚乃萧元祚次子，萧谅是幼子，则其长子或许就是此人。这表明萧元祚除了唐氏夫人之外，应该还有妾室。

在萧谅去世之前，其妻韦氏已于天宝二年九月卒于长安宣阳里。因此，夫妻二人在天宝七载（748）三月廿六日合祔于河南毕圭原，这里是萧氏家族的祖茔所在。该家族较早安葬在这里的是萧元礼夫妇，武则天时期萧元礼在定州鼓城县丞任上遇契丹入寇殉职。其妻张氏卒后，先在龙门开凿瘗窟，开元六年（718）十一

① 《唐故给事中赠吏部侍郎萧公（直）墓志铭》，《全唐文》卷三九二，第3989页。

② 《全唐文附唐文拾遗》卷二一，第10600页。

③ 王永平：《道教与唐代社会》，首都师范大学出版社2002年版，第46页。

④ 李斌城主编：《唐代文化》第十章《唐代道教的搜集、整理与著述》，中国社会科学出版社2002年版，第775—776页。

⑤ 程章灿：《唐代墓志中所见隋唐经籍辑考》，《文献》1996年第1期。收入氏著《古刻新诠》，中华书局2009年版，第93—108页。

月二十二日二人又合葬于河南县龙门南山西原。① 而萧元祚卒后于景龙二年（708）先葬于洛阳北邙之南原。待其妻唐氏开元二十三年（735）卒后，二人又合祔于洛阳城南龙门西山毕原。毕原即毕圭原，这里也是唐代洛阳城南墓葬较为集中的地区，其具体位置在今天洛阳洛龙区张沟村一带。②

墓志署"左庶子集贤院学士修国史韦述撰，子前武陵郡龙阳县尉员外置直书"。则墓志由盛唐著名史学家韦述撰写，萧谅子萧直书丹。韦述与萧谅之间的关系，墓志没有交代。但萧谅的妻子韦氏是坊州刺史余庆之孙，房州刺史、奉先令景骏之女。据《新唐书·韦述传》"父景骏，景龙中为肥乡令，述从到官"，则韦述是萧谅的妻兄或妻弟。正因为两个家族之间的密切关系，代宗广德初年，萧直为李光弼判官，诣阙奏事称旨。借机为曾任安史伪官的舅父韦述鸣不平，"苍卒奔逼，能存国史，贼平，尽送史官于休烈，以功补过，宜蒙恩宥"。最终代宗诏赠韦述右散骑常侍。③ 作为唐代著名的史家，韦述传世的文章并不多见，《全唐文》中仅有9篇，此后陈尚君《全唐文补编》中又辑入3篇。④ 而墓志文章，此前刊布的仅有《张去奢墓志》及《韦济墓志》。⑤ 近期刊布的则有《唐寿光公主墓志》《薛重明墓志》。⑥ 据笔者所知，尚未发表的还有《裴光庭妻正平县主墓志》《裴子余墓志》。⑦

二

传统文献中也没有著录萧谅的书法作品。目前确知的，就是前面提到的撰写于开元二十三年的《萧元祚墓志》。尽管萧谅在唐代以草书闻名，但从墓志书法来看，此志书法书写典雅流丽，工稳大方，点画精到，渊源有自。当时恰值开元时期，褚遂良、薛稷的书法正风靡一时，尤其是学褚者众多。从这方墓志看，作者也受到了褚遂良的较大影响，特别是在用笔的细节上，有明显的褚字痕迹。当

---

① 《唐故商州刺史萧府君墓志铭并序》，洛阳市文物工作队《洛阳龙门张沟唐墓发掘简报》，《文物》2008年第4期。

② 赵振华、何汉儒：《唐代洛阳乡里村方位初探》，赵振华主编《洛阳出土墓志研究文集》，朝华出版社2002年版，第89页。

③ 《新唐书》卷一三二《韦述传》，第4529—4530页。

④ 陈尚君辑校：《全唐文补编》上册，中华书局2005年版，第469—470页。

⑤ 郭海文、赵文朵、贾强强：《〈大唐故寿光公主墓志铭并序〉考释》，杜文玉主编《唐史论丛》第二十辑，三秦出版社2015年版；齐渊主编：《洛阳新获七朝墓志》，中华书局2012年版，第192页。

⑥ 周绍良、赵超编：《唐代墓志汇编》天宝一一〇，上海古籍出版社1992年版，第1608页；周绍良、赵超编：《唐代墓志汇编续集》天宝〇九九，上海古籍出版社2001年版，第654页。

⑦ 《唐故银青光禄大夫冀州刺史歧王府长史裴府君墓志铭》，作者藏墓志拓本。

然，萧谅的书法声名和水平不能和褚遂良相比，但就此墓志的书写水平看，在唐代楷书墓志中也属上乘。另外，墓志整体以楷书为主，但其中许多字则是行草写法，笔法灵动，如行云流水，与整体的楷书风格相映成趣，体现出其深厚的书法功底。

2002 年在洛阳洛龙区张沟村出土的《萧言岁墓志》，志主是萧元礼长子，也是萧元祚的侄子，萧谅的堂兄。萧言岁墓志未署撰、书人，但对比两方墓志，就会发现书体相同，用笔一致。《萧言岁墓志》中许多字的写法与《萧元祚墓志》如出一辙，如两方墓志的首行"唐""故""萧府君""墓志铭"等字，第二行的"正""兰陵""终"与《萧元祚墓志》第二十一行的"正"，第三行的"兰陵"，第二十行的"终"；第三行的"龙门"与后者第二十一行的"龙门"；第十九行的"睦亲"与后者二十三行的"睦亲"；第十二行的"诚""谅"与后者第二行的"诚""谅"。两志中许多行草书字的写法也一致，如第四、五行的"事"与后者第八行的"事"；十八行的"望"与后者二十二行的"望"；二十行的"临"与后者第七行的"临"。其书法整体上也是具有行草书意蕴的楷书，书风极其神似，且墓志的撰写时间也是开元二十三年。因此《萧言岁墓志》当为萧谅所书无疑。

而洛阳师范学院河洛古代石刻艺术馆馆藏的《崔尚墓志》，2002 年 12 月出土于洛阳伊川县万安山彭婆乡。崔尚是盛唐时期的文人，其人颇有才情，受到时贤张说、宋璟等的赏识。崔尚卒于天宝四载（745）七月，其年十月十三日葬于万安山。[①] 墓志由其从父弟崔翘撰文，书法为楷书，但未署书丹者。细致对比该墓志与前两志的书法，整体风格颇为相似。其中"诚""书""唐""郎""君""兮"等字的写法与前两志如出一辙。该墓志的书丹者当是萧谅无疑。只是《崔尚墓志》完成于天宝四载，距离前两志已有十年，用笔更为端庄、稳健，应是萧谅晚年的作品，此时萧谅应该在汝阴郡太守任上。

而《萧谅墓志》的书法为楷书，书法秀美，结体谨严，是萧谅子萧直所书。独孤及曾指出萧直"工书"，可见其也擅长书法。[②] 整体上《萧谅墓志》的书法水平不及《萧元祚墓志》，而两方墓志也可以看出它们之间的相近之处，即他们在书法取法上应该都学习过褚遂良的书法，这说明萧直的书法也有家学的渊源。有趣的是：新出土的《萧让墓志》中也提及其"博涉坟籍，尤工书论"。由此可见，萧氏一门书法人才之盛。

---

① 郭茂育：《唐崔尚墓志略考》，杨作龙、赵水森编《洛阳新出土墓志释录》，北京图书馆出版社 2004 年版。

② 独孤及：《唐故给事中赠吏部侍郎萧公（直）墓志铭》，《全唐文》卷三九二，第 3989 页。

三

毛汉光在《隋唐政权中的兰陵萧氏》一文曾细致研究了萧氏家族齐梁房后裔在隋唐时代的仕宦情况，指出齐梁房中只有昭明太子一系在隋唐政权中人物鼎盛，门望甚高。对其他支脉则认为必有才华或特殊机缘方可晋身隋唐政权。① 这一点从萧谅家族的情况来看的确如此。萧谅家族尽管系出自南朝的名门，但是从其父祖的经历来看，萧岱在隋朝任代郡太守，萧憬担任湖州司马，尚属于州郡长官或上佐。此后萧元祚以门荫入仕，先后任鲁王府祭酒、舒王府主簿、播州罗蒙县令、衡州攸县令、茶陵县令以及袁州萍乡县令；萧元礼则先后任豫州褒信县主簿、利州绵谷县主簿、定州鼓城县丞。兄弟二人都是在边远小县任职，萧氏门第可谓衰微。

然而，从萧谅兄弟这一代开始，情况大不相同。他们大多依靠科举登第，并担任在唐代声望颇著的监察御史、侍御史或尚书省郎官。萧谅的从兄萧言岁，以明法登第，先后任监察御史、司门刑部员外郎、金部吏部郎中，后任恒、濮、虢、商州等州刺史。其交游广泛，"其所事之贵，所知之美，若张希元、卢逸、张嘉贞、李朝隐，咨取旧章，为指南之表。毕构、裴灌、王丘、族子嵩，游泳嘉德，有忘言之欢"。萧谖也"弱不好弄，幼而能文"。二十岁时崇文生明经及第。萧谖之所以能够入学崇文馆，应该和其父萧元礼死于王事后追赠太子詹事有关。根据唐代制度：除了王公贵戚子孙外，东宫三师三少、宾客、詹事、左右庶子、左右卫率及崇贤馆学士子孙亦可进入崇文馆学习。② 萧谖入仕后曾任水部员外郎，后任江夏和义阳太守。萧诚、萧谅兄弟释褐途径不明，但也是才华出众。萧诚"早标明敏，久著声名，词翰推工，才能适用"，曾任司勋员外郎。③ 萧谅除历任美职之外，还担任职权极为重要的御史中丞。与其交往的俱为一时才俊和名士，"自裴仆射耀卿、蒋大理钦绪、李少傅嵩、王尚书丘、萧太师嵩、崔宾客沔，皆高贤之先达者也。每与公谈名理，释玄言，探物情，议时政，莫不膝之前席，自谓不如。老者忘其年，而高者失其贵矣"。

萧谅之子萧直和萧立也非常出色，萧直"十岁能属文，工书。十三游上庠，

① 原载《劳贞一先生八秩荣庆论文集》，收入毛汉光《中国中古社会史论》，上海书店出版社 2002 年版，第 405—425 页。

② 欧阳修、宋祁：《新唐书》卷四四《选举志上》，第 1160 页；王溥：《唐会要》卷六四《崇文馆》，第 1117 页。

③ 孙逖：《授萧诚太子左赞善大夫制》，《文苑英华》卷四○四，第 2052 页；徐松：《登科记考》卷八，中华书局 1984 年版，第 293 页。

十七举明经上第，名冠太学"。他十三岁就进入太学，开元二十八年（740）以明经登第。二十多岁就担任朔方军掌书记，之后历任监察御史、尚书户部库部司勋吏部四曹郎中、殿中侍御史、侍御史、宋州刺史等职务，最后也做到了给事中的要职。① 萧立也不逊色，十七岁时于天宝元年（742）应贤良方正科，"射策甲科，盛名翕然，震喧京邑"。此后，"自廷尉评拜监察御史，转殿中侍御史"，与兄长萧直"俱以文学政事为台阁领袖"。② 萧直之孙萧邺，进士及第，先后任监察御史、翰林学士，宣宗时期为中书舍人，迁户部侍郎，以工部尚书同中书门下平章事，最终位极人臣。③ 从萧谅家族的选举和仕宦经历不难看出中古时期的世家大族在科举时代的适应能力。

据《萧恁妻张夫人墓志》记载，"故萧氏先人墓，皆邺县"。这个家族自从其先祖萧渊明被东魏俘获后，其成员主要生活在东魏、北齐。因此，其葬地在邺城。而到了隋唐时期，由于长安、洛阳成为此时国家政治的中心，该家族又开始向这两地转移。从其家族墓志来看，尽管都标榜其"兰陵人"的郡望。然而，至迟从萧元祚和萧元礼开始，其宅第都在洛阳。萧元祚去世之后，萧谅"既而扶老携幼，万里还乡"。这里的乡应该指洛阳。据《萧元祚墓志》，其妻即萧谅之母唐氏居住在洛阳温柔里，开元三年（715）九月九日卒于此。而萧元礼妻子张氏在开元年间也居住在洛阳择善里。④ 由此可见，此时萧氏家族都已经居住在洛阳，并将这里作为自己的故土。而且，从萧谅这一代开始，其成员仕宦多集中在两京地区，即长安与洛阳。他们在长安和洛阳多有宅第，如萧谅居住在长安宣阳里，萧直居住在静安里。萧恁及妻张氏居住在洛阳思顺里，萧均名在洛阳也有私第。德宗时期担任成都功曹的萧元礼之孙萧某宅第在康俗里，贞元八年（792），他因病"归故国于洛汭"，就居住在这里。⑤ 随着居住地的变化，从萧憬开始，这个家族开始安葬在洛阳之南。⑥ 此后该家族成员除了萧元福之子萧让葬在邙山之外，其余死后都集中安葬在龙门西山。萧直在大历四年（769）去世后也安葬在"洛阳龙门岗

---

① 独孤及：《唐故给事中赠吏部侍郎萧公（直）墓志铭》，《全唐文》卷三九二，第3988—3989页。

② 独孤及：《唐故殿中侍御史赠考功郎中萧府君（立）文章集录序》，《全唐文》卷三八八，第3941—3942页。

③ 《新唐书》卷一八二《萧邺传》，第5365页。

④ 《大唐故赠银青光禄大夫使持节相州诸军事相州刺史兰陵萧府君墓志铭并序》，赵君平、赵文成编《河洛墓刻拾零》，第227页。

⑤ 《文苑英华》卷九五七《成都功曹萧公墓志铭》，第5031页。原文作"康裕里"。

⑥ 王源植：《唐故右武卫长史萧府君（恁）南阳张夫人合祔志铭》，《新中国出土墓志·河南叁·千唐志斋壹》（下），第187页。

先中丞茔之左"，即萧谅墓的左边。① 这些都反映出隋唐时期，由于政治中心向长安、洛阳转移，世家大族在仕宦、居住、丧葬等方面也逐渐向这些地区集中，呈现出中央化之情形。② 因此，萧谅家族也是中古时期兰陵萧氏齐梁房中值得关注的一支。前引毛氏文章中对于长沙王萧懿子孙虽有涉及，但由于资料所限，仅列举了正史有传的隋朝萧吉和唐末萧邺，新出土的萧谅家族墓志资料则可以补充这方面研究的不足。

---

① 独孤及：《唐故给事中赠吏部侍郎萧公（直）墓志铭》，《全唐文》卷三九二，第3989页。

② 毛汉光：《从士族籍贯迁移看唐代士族之中央化》，《中国中古社会史论》，上海书店出版社2002年版。

唐卢士玫墓志及相关问题考释

牛红广

　　唐代卢士玫墓志近年出土于洛阳市伊川县彭婆乡许营村北，一并出土的还有其夫人清河崔氏墓志。这对夫妻墓志原石现流散于洛阳民间，有幸近期在友人处一睹墓志拓片，得以了解墓志的文献信息。卢士玫墓志拓片长、宽均为 77 厘米；志文楷书 39 行，满行 42 字。卢士玫夫人崔氏墓志拓片长、宽均为 58 厘米；志文楷书 27 行，满行 27 字。卢士玫其人两《唐书》有传，《全诗》《全文》《郎考》《登科》《方镇》也具其名。他曾在西川先后做节度使韦皋、武元衡的幕僚。后入京任吏部员外郎、吏部郎中、京兆少尹。因奉宪宗景陵授权知京兆尹，又出为瀛莫观察使，加节度使，历瀛州兵乱。官终太子宾客，分司东都。传统文献中卢士玫的相关记载较多，但也有疏漏之处，如卢士玫之名《新表》错讹为"卢士玫"，《全诗》卷三一八、《郎考》卷八又作"卢士政""卢士牧"。新见卢士玫墓志洋洋 1400 余言，以之与传世文献相参校，可纠误补阙，对卢士玫的家族世系、仕历宦绩等相关问题多有补益。现著录卢士玫夫妇墓志全文，并就相关问题略作考释，敬祈方家教正之。

一　墓志录文

（一）卢士玫墓志

唐故正议大夫守太子宾客上柱国赐紫金鱼袋工部尚书范阳卢府君墓志铭并序

表侄朝议大夫守中书舍人上柱国荥阳郑涵撰

　　太公佐武王伐殷，去独夫，苏天下之民，开辟已来，辅相之贤，其功为大。姬有八方，实封于齐，胄胤纷纶，派别浸远。襄桓之际，因而命氏，晋魏而还，贤杰炽昌。公讳士玫，字子珣，范阳人也。曾祖讳正言，左监门卫将军，赠兖州都督。大父讳朓，深州司马。烈考讳瀜，检校尚书祠部郎中，赠太子少保。材度文业，孝友德善，储祉钟美，而生府君。易简庄明，内健外顺，行必弘道，居无流心。贞元初擢进士科，其后以博学宏词考试超等，名荐公府。命屈选中，归养洛师。一年而丁太夫人忧，柴毁过礼。殷奠未彻，复钟少保府君之艰。泣血三年，如始执丧者，君子难之。逮衣裳既除，遂韬匿声耀，味道自放，以为轩冕外物，曷足汨吾灵龟。不得已，方从调补左司御率府仓曹参军。既满秩，蜀师太尉皋熟公才行，表授左金吾卫兵曹参军，以节度推官从事转大理评事兼监察御史。府之疑务，目无全牛；明诚尽言，形于事任。太尉公之薨殒，介使刘辟劫兵作逆，乘险自固。公挺然独立，屡抗直词，猜惮颇深，几为伤害。天讨有罪，辟就诛夷。诏以井络之奥，授上将高崇文，高以公履道居方，显然有节，愿留于府。公意不处，逡巡辞让，请监支郡。会相国武公推毂守藩，雅闻其名，表授殿中侍御史，改观察支使。温密直清，咨谋多适，又荐授侍御史。凡两知蜀州事，声绩茂著，溢于闻听。由是征拜起居舍人，执笔记言，必先规讽。历司勋吏部员外郎，畴勋庸，核流品，时论多之。而迁正郎，恪居官业，考课尤异。洎孽臣授首，齐鲁砥属，俾佐户贰卿杨公於陵抚其残。人金以公历服职官，皆振宏躅，况兹东土，风俗未和，择于峻良，第冝为倅。皇华之选，推重一时，锡以腰章，使于新国。回奏称旨，拜京兆少尹。宪宗弃天下，园陵肇建，神州之任，尤难其人。咸谓公冝，遂加知府，召对褒美，面赐金组。及穆宗嗣统，有事上帝，礼资严备，务剧百司，无以易公，真拜京兆尹。肃清浩穰，慑息豪贵。西汉称赵张三王为良内史，不是过也。朝廷姑务，抚安四海，全用德刑，封豕长蛇，未齿铦刃。而范阳师刘总愿画疆土，分授节旄，累表上陈，请公在选，因可其奏。拜右散骑常侍兼御史中丞，充瀛莫等州观察处置等使。至则克杖皇威，训其逆顺，提整师律，厘改章程。小人之腹□回，大道之和就饮。廷论称美，拜左散骑常侍兼御史大夫，加瀛莫节度使。公未之知也，俄而幽镇偕乱，凶党结连，遂能潜索事机，默与心计，连表乞师而未报，孤堞召寇而已危。感动偏裨，精移象纬，长纷挐而不因己力，视倾覆而徒念人谋，乃喟然曰：以义立名，则生不如死；以功雪耻，则诎以求伸。遂因贼师之请而适范阳。诏回途中，拜太子宾客，分司东都。明年，天子念河朔之艰，传瑞韬略，而美疢暴感，求医帝京。公内揣筋力，切于休退，恳诚上达，优诏曲遂。重拜太子宾客，分司东都。未追四皓之游，遽有两楹之梦。以宝历元祀七月廿二日捐馆于河南府河南县龙门乡之别业，享年六十四。居守以闻，皇上罢朝，公卿废事，亲友相吊，斋咨涕洟。赠工部尚书，示恩礼也。夫人清河崔氏，大理评事参之孙，安丰令包之女。姬嬴合德，琴瑟有仪。代播芳尘，时高鼎族。蘋蘩虽耀，松槚已行。而公粹其文以发身，深于学以从政。端己慎独，夙炳令闻，筮仕扬名，推为时杰。冝乎会合休运，参综化权，奋兹器实，膺厥柄用。昊天不吊，歼我哲人。有子四人，长曰式方，朝散郎行太原府太原县主簿。嗣曰弘方，前乡贡明经。次曰遵方，文林郎守亳州参军。幼曰友方，左千牛备身。悫实信顺，渐积训义，咨礼襄事，捧龟而号。以其年十一月十五日窆于河南府河南县万安山之南，秉周礼，盖袝也。以涵学于春秋，知代系之序；参于懿密，敦话言之契。书德泉壤，谓无愧词。其铭曰：

尚书之生，含和挺英。袭德承家，孝友光明。伊昔弱冠，儒素是敦。观艺春闱，作宾蜀门。鹏抟扶摇，河出昆仑。奋翼周行，腾芳清密。中台右史，握兰载笔。雅励贞规，光扬茂实。星文正天，辐轩骋驲。便殿召问，敷奏不一。帝曰使乎，诚为闲出。式当尹正，倚为匡弼。南山有台，北镇推贤。廉平按节，锵金珥蝉。逆坚欺天，提兵乱燕。穷城窘若，挞鼓填然。觥饭壶飧，闻于古人。恬安迫辱，姑息纷纶。谓吾不信，惇史匪磷。诏还途中，职当调护。分务剖符，东周虢土。老氏知止，疎广请归。都门羡慕，别墅光辉。奔乌不驻，零露俄晞。勒铭贞珉，永永音徽。

男文林郎守亳州参军遵方书

（二）卢士玫夫人崔氏墓志

唐故清河崔夫人墓志铭并序

夫朝议郎行尚书吏部员外郎卢士玫撰

余之亡夫人崔氏，其先贯于清河，世为鼎族。肇自虞夏，迄于隋唐，世有仁贤，其礼乐官婚，标暎图史。搢绅之徒知士大夫之氏族者，以其首出。庶姓辨其宗系，端如贯珠，资为谈端。皆心藏一谱矣，故不备书。曾祖行温，皇朝秘书监。祖参，皇朝大理评事。父包，前寿州安丰县令。皆冠冕道德，簪屡仁义。山东之阀，唯余之家与安丰实霸诸姓。安丰又余之族舅也，其夫人又余之族姊也。良匹，其来尚也。故夫人以贞元十一年冬来归于我，姻不失亲也。其明年，余筮仕为东宫掾，蒙蜀师故太尉韦公辟为从事。自楚之蜀，提挈万里，以金石固其意，瑟琴友其心。其相敬也，如凤凰和鸣、颉颃云路。未始终夕，涉于反目之讥，则夫人之柔德婉容，贞量懿范，求诸中表，其徒实稀。呜呼！天夺良偶，神昧与善，以元和十一年岁次景申五月廿五日寝疾终于升平里之私第。呜呼！余非鼓盆之达观者，仰视遗挂，得无恸乎！以其七月十八日丹旐启路，翩其东指。卜用九月癸亥朔十日壬申，于洛阳之万安山南袝先茔，礼也。有子四人：长子曰式方，前泾原支度巡官，试左司御率府兵曹参军，嗣子曰处讷，次子曰从范，幼子曰从矩。自讷至矩，非童则孩，于余目前，伤恸何极。有女一人，适今相国河东裴公之男曰诩。呜呼！男女号慕，仆使挥涕。洎内姻外姻、孤者孀者，来馆于我而依夫人，率皆瞻其繐帷，无不流恸。非仁德周物，孰能使其感之如此之深乎？稽夫志其事而铭其地，虞陵谷之变也，得不为之志焉。姑务实录，岂敢假手于人乎哉？余泣石而铭之，故其词也，质而已矣。其铭曰：

思夫人归于我时，夭桃一枝，春景镂艳，光风绣姿，今也往矣，永无见期。思夫人理家之政，本于清净，或顺其心，或革其性，由身及物，靡不率正。思夫人睦亲蔼然如春，亲亲来依，不患家之贫，患字之不均，均以字人，人怀其仁。坟于何处？万安之下。将归尔灵，永閟吾土。松声晓怆，月色宵苦。从兹一诀，邈矣终古。

二　卢士玫家族世系考索

卢士玫，字子珣，范阳卢氏之后，代为山东（崤山以东）望族。卢士玫之父名卢瀍，《新表》记卢瀍有子如下：士琟，汉州刺史。士琼字德卿，河南府司录参军。士瑛，岳州刺史。士玫，太子宾客。士玙。① 这里的卢士玫即卢士玫，其家族出自范阳卢氏北祖大房卢道虔支系。据新见卢士玫墓志及其家庭成员墓志，可对卢士玫家族成员加以考索，并得以了解其婚宦及归葬状况。

志云："曾祖讳正言，左监门卫将军，赠兖州都督。大父讳朓，深州司马。烈考讳瀍，检校尚书祠部郎中，赠太子少保。"卢士玫《唐故苏州长洲县尉范阳卢府君（士珩）墓志铭》则称"至唐故右监门卫将军光侯讳正言，公之曾祖也。唐故朝散大夫、深州司马府君讳朓，公之大父也。唐故朝议大夫、尚书祠部郎中、赠兵部尚书府君讳瀍，公之皇考也"。② 卢士玫墓志与《新表》俱称曾祖正言为左监门卫将军，但卢士珩墓志则记卢正言官右监门卫将军，王丘《唐故右监门卫将军上柱国赠银青光禄大夫兖州都督谥曰光范阳卢府君（正言）墓志铭》亦称"以公政术优异，特降玺书，迁都水使者、家令、右内率、左威右监门二将军、摄左金吾卫将军东都留守"③，看来应以右监门卫将军为是。《新表》记卢士玫祖父名朓，与卢士玫家族诸墓志不符，应有误。另据《新表》，卢瀍兄弟六人，其三兄卢涗墓志由四兄卢溉撰文，卢涗夫人清河崔氏墓志则由卢瀍撰文，卢涗有三子，长子士准、次子士巩、士聿④，《新表》均未载。

卢士珩墓志记"公即尚书府君之第六子也"，撰志者卢士玫亦自称"余公之季弟也，故秉翰为志，得而详焉"。《元氏长庆集》卷一八《卢头陀诗序》："道泉头陀字源一，姓卢氏，本名士衍，弟曰起郎士玫，则官阀可知也。"可知卢士玫兄

---

① 《新唐书》卷七三上《宰相世系表三上》，中华书局1975年版，第2905—2906页。
② 吴钢：《全唐文补遗》（千唐志斋新藏专辑），三秦出版社2006年版，第336页。
③ 吴钢：《全唐文补遗》（千唐志斋新藏专辑），第158页。
④ 中国文物研究所、千唐志斋博物馆：《新中国出土墓志·河南叁（千唐志斋壹）》，文物出版社2008年版，第190、200页。

弟七人，《新表》失记卢士衍、卢士珩。卢士珩子卢溥墓志由卢俦撰文，时署"堂弟陕虢都防御判官文林郎殿中侍御史内供奉卢俦撰"。① 卢俦还撰有卢季方墓志，时署"亲弟盐铁巡官文林郎监察御史里行卢俦撰"，并称"烈考士琼……公即先府君长子。……俦始就外传次，崔氏妹泪弟倬皆卯角之年"。② 据上述墓志，卢士琼之子为季方、俦、倬，而《新表》与卢士琼墓志③则称卢士琼三子依次为孺方、嗣宗、嗣业。另《新表》未载卢士珩及子卢溥、卢士琼子卢季方及卢倬，卢俦则记为卢士玙之子，墓志可参校之。

卢士玫曾祖卢正言开元八年（720）薨于西京道政里之第，其夫人陇西李氏开元十八年（730）卒于东周行修里之第，同年十月十三日合葬于河南府河南县伊汭乡万安山之原④，即今伊川县彭婆乡许营村北台地上。卢正言的弟弟卢正容以长安四年（704）捐馆于河南行修里第，开元十九年（731）与其夫人陇西李氏合葬于万安山之南阯。⑤ 据卢正言及卢正容墓志，二人均为卢志安之子，而卢志安是卢宝素的次子，其兄名卢安寿。《新表》将"志安"记为"安志"，应属倒文。卢安寿之子卢正勤墓志⑥、卢正道墓志⑦及卢正权墓志⑧也先后见之于世，以志文校之于《新表》，卢正权失记。卢正权、卢正道亦均卒于东都行修里第，三兄弟也都葬于万安山之南。

行修里即行修坊，徐松在《东都外郭城图》定鼎门街东第二街，从南至北第三坊处标有修行坊。"修行"应为"行修"之讹。卢宝素为范阳卢氏北祖大房卢道虔支系，其家族应是自卢宝素起家宅于东都洛阳行修里，从卢宝素到卢正言三代皆居住于此，到卢正言的曾孙卢士琼妻荥阳郑氏仍"终于行修里之私第"⑨。卢士玫本人在入仕以前和晚年均居住在洛阳，是不折不扣的洛阳人，解决了两《唐书》本传籍贯不详的问题。洛阳龙门万安山之南原的卢氏家族茔域也应是自卢宝素卜兆于此，后世子孙多祔葬祖茔。如卢士珩与卢士玫分别以长庆二年（822）和宝历元年（825）窆于万安山之南，祔以祖茔；卢士瑛的孙子卢衢大中十一年（857）

① 吴钢：《全唐文补遗》（千唐志斋新藏专辑），第 383 页。
② 乔栋、李献奇、史家珍：《洛阳新获墓志续编》，科学出版社 2008 年版，第 239 页。
③ 北京图书馆金石组：《北京图书馆藏中国历代石刻拓本汇编》第三十册，中州古籍出版社 1989 年版，第 75 页。
④ 吴钢：《全唐文补遗》（千唐志斋新藏专辑），第 158 页。
⑤ 吴钢：《全唐文补遗》第八辑，三秦出版社 2005 年版，第 25 页。
⑥ 乔栋、李献奇、史家珍：《洛阳新获墓志续编》，第 78 页。
⑦ 乔栋、李献奇、史家珍：《洛阳新获墓志续编》，第 115 页。
⑧ 吴钢：《全唐文补遗》（千唐志斋新藏专辑），第 129 页。
⑨ 吴钢：《全唐文补遗》（千唐志斋新藏专辑），第 315 页。

葬于万安山南①；卢正权后裔卢檠乾符六年（879）祔葬万安山南大墓②。说明今伊川县彭婆乡许营村北的卢氏家族祖茔，有唐一代一直延续使用。

卢士玫夫人清河崔氏元和十一年（816）五月二十五日寝疾终于升平里之私第，其先夫君而亡，墓志由时任朝议郎行尚书吏部员外郎的卢士玫亲自撰文。从卢士玫自撰夫人墓志可知，卢士玫家族与清河崔氏是世代姻亲关系。另卢士玫的兄长卢士琼及子卢季方、卢士珩及子卢溥均娶荥阳郑氏女子为妻，卢士巩的夫人也出自荥阳郑氏，郑涵为卢士玫撰志时也自称表侄，可见卢、郑两家联姻不断。卢士玫家族所属的范阳卢氏与当地的名门望族如荥阳郑氏、清河崔氏诸山东士族之间世代联姻，反映了中晚唐时期的山东旧士族之间仍保持着姻亲关系，并借此以维系其社会文化地位。

卢士玫为其夫人撰志时称：“以其七月十八日丹旐启路，翩其东指。卜用九月癸亥朔十日壬申，于洛阳之万安山南祔先茔，礼也。”可证卢士玫夫人崔氏的卒地升平里是西京长安的一个里坊区，卢士玫在长安做官时宅第应设在升平坊。卢士玫以宝历元年（825）七月二十二日捐馆于河南府河南县龙门乡之别业，享年六十四，同年十一月十五日窆于河南府河南县万安山之南，推其生年则为宝应元年（762）。卢士玫有四子：式方，朝散郎行太原府太原县主簿。弘方，前乡贡明经。遵方，文林郎守亳州参军。友方，左千牛备身。可补《新表》之阙。

三　卢士玫科第、宦历及其他

据志文，卢士玫“贞元初擢进士科”，《登科记考》卷一二则具体记为贞元五年（789）及第，未知何据。进士擢第代表由白身获得了出身，一般要通过制举和铨选才能步入仕途。贞元时由于战争频繁、政局动荡，制举在贞元二年（786）、四年（788）举行后，五至九年连续五年没有举行。十年（794）、十一年（795）举行后，终贞元二十一年（805），也没有再举行过。故获得出身的进士、明经，竞趋于宏词和拔萃。③《通典》卷一五：“选人有格限未至而能试文三篇，谓之宏词。”博学宏词科于开元十九年（731）成为吏部的科目选，属于铨选的范围，每年举行，只有有出身、有官者才能参加。卢士玫在进士及第后即以博学宏词登科，步入仕途。

卢士玫从最初入仕到两为西川幕僚的宦历墓志记载较详，可补史之阙。志称

---

① 中国文物研究所、千唐志斋博物馆：《新中国出土墓志·河南叁（千唐志斋壹）》，第325页。
② 乔栋、李献奇、史家珍：《洛阳新获墓志续编》，第274页。
③ 吴宗国：《唐代科举制度研究》，辽宁大学出版社1992年版，第106页。

卢士玫"调补左司御率府仓曹参军"，他本人则在为其夫人撰志时自称"故夫人以贞元十一年冬，来归于我，姻不失亲也。其明年，余筮仕为东宫掾，蒙蜀师故太尉韦公辟为从事"。可见卢士玫贞元十二年（796）在东宫做左司御率府仓曹参军。任职期满后到蜀州做剑南西川节度使韦皋的僚属，先授左金吾卫兵曹参军，后以节度推官从事转大理评事兼监察御史。武元衡坐镇剑南西川时，授殿中侍御史，改观察支使，又荐授侍御史。

元和八年（813），武元衡自西川征还，再次拜相，卢士玫不久也随之调入京城，"征拜起居舍人，执笔记言，必先规讽。历司勋吏部员外郎……而迁正郎"。白居易《除卢士玫刘从周等官制》云："前侍御史卢士玫，尝在西川，时为从事，乱危潜伏，能洁其身。可起居郎。"① 起居郎和起居舍人在唐代是分别设立的。起居郎隶门下省，为左史，所掌为"修记事之史"，起居舍人隶中书省，为右史，"掌修记言之史"。② 该墓志的出土证实了岑仲勉先生的考证③，即《除卢士玫刘从周等官制》为伪作。

志云："洎孽臣授首，齐鲁砥属，俾佐户贰卿杨公於陵抚其残。"元和十三年（818）至次年二月，宪宗发五道兵征讨反复叛唐的淄青节度使李师道。李师道之乱平定后，分其地为三镇，以户部侍郎知吏部选杨於陵兼御史大夫，充淄、青十二州宣慰使。④ 志称"人金以公历服职官，皆振宏躅，况兹东土，风俗未和，择于峻良，第宜为倅。皇华之选，推重一时，锡以腰章，使于新国。回奏称旨，拜京兆少尹"。"倅"为副、辅助之意，如倅职、倅贰等。"皇华"是《诗经·小雅》中的篇名。《序》谓："《皇皇者华》，君遣使臣也。送之以礼乐，言远而有光华也。"后以"皇华"为赞颂奉命出使或出使者的典故。撰文者郑涵引经据典，记述了卢士玫以吏部郎中被选派为宣慰副使，协助杨於陵视察淄、青十二州，宣扬政令，安抚百姓，回京复命后迁京兆少尹的经历，可补传世文献。

卢士玫以博学宏词登科，自是"学术词藻，见推于众"，佐武元衡幕时就曾与其诗歌酬唱，《全诗》卷三一七武元衡诗《重送卢三十一起居》即为赠卢士玫之作。卢士玫在诗文方面有一定成就，惜存世成果不多，《全诗》卷三一八存《奉陪武相公西亭夜宴陆郎中》一首、卷七八九存《中秋夜听歌联句》所预联句

---

① 《白居易集》，中华书局1979年版，第1154页。
② 伏传伟：《论唐代的起居郎与起居舍人的职责之分》，《中山大学研究生学刊》（社会科学版）2004年第3期。
③ 岑仲勉：《白氏长庆集伪文》，《岑仲勉史学论文集》，中华书局1990年版，第224页。
④ 《旧唐书》卷一六四《杨於陵传》，中华书局1975年版，第4294页。

一首。新出土卢士玫夫人崔氏墓志与其兄长卢士珩墓志均由卢士玫撰文，丰富了卢士玫的诗文成就。

卢士玫墓志的撰写者郑涵为宰相郑余庆之子，因避文宗故名讳，后改名澣，两《唐书》有传。其人长于经史，能诗文，尤长于制诰，曾预修《宪宗实录》二十卷。《新唐书·艺文志》著录《经史要录》二十卷、《郑澣集》三十卷，已佚。《全诗》卷三六八收其《赠毛仙翁》等诗 5 首、断句 1 联。另有诗 3 首附载《李文饶文集》卷四。《全文》卷六一四存《敕修应圣公祠堂碑》1 篇，《唐文拾遗》补《唐故同州司兵参军上柱国京兆杜府君墓志铭》1 篇。《全唐文补遗》第 7 辑收《唐故怀州录事参军清河崔府君（秭）故夫人荥阳郑氏合祔墓志铭并序》1 篇。卢士玫墓志为新见郑涵之文学作品。